AF290767

Bibliografische Information der Deutschen Nationalbibliothek:

Die Deutsche Nationalbibliothek verzeichnet diese Publikation in der Deutschen Nationalbibliografie; detaillierte bibliografische Daten sind im Internet über http://dnb.d-nb.de abrufbar.

Impressum:

Copyright © 2017 Studylab

Ein Imprint der GRIN Verlag, Open Publishing GmbH

Druck und Bindung: Books on Demand GmbH, Norderstedt, Germany

Coverbild: ei8htz

Thomas Merten

Kämpfen statt Heulen

Über das aktive Eintreten für eine gerechtere soziale Arbeit

2015

Inhaltsverzeichnis

Einleitung

Arbeitsplatzabbau, Lohndumping, Fachkräfte ohne akademischen Abschluss und Ausstieg aus Tarifverträgen. All diese Schlagworte fallen, befasst man sich mit der aktuellen Situation der Sozialen Arbeit. Das Problem hierbei ist, dass sie nicht nur Zustände beschreiben, sondern auch die Fachlichkeit und Qualität der Sozialen Arbeit an sich in Frage stellen, ein kollektiver Aufschrei bei freien Trägern, Berufsverbänden oder der Gewerkschaft aber ausbleibt. Vielmehr könnte man den Eindruck gewinnen, dass vielen die Probleme zwar bekannt sind, diese aber hinsichtlich der Lösungsfindung resigniert haben. (vgl.: Mergner 2007, S. 117-118)

Diese Bestandsaufnahme von Mergner verfestigt sich auf vielen Tagungen, Weiterbildungen oder Kongressen. Bei diesen hört man von der Mehrzahl aller Teilnehmer Klagen über zu geringe Bezahlung, über befristete Verträge und über zu viel Arbeit. Auch meine Kollegen in der Sozialpädagogischen Familienhilfe beklagen sich oftmals über die aktuellen Zustände. Fordert man sie dann jedoch auf, aktiv gegen diese vorzugehen, knicken viele ein und ertragen eher die negativen Auswirkungen. Wenn man bedenkt, dass es eine unserer zentralen Aufgaben ist, mit unseren Klienten dahingehend zu arbeiten, dass diese ihr Leben selbständig und eigenverantwortlich führen können, stelle ich mir die Frage, ob dies Personen, die nicht dazu in der Lage sind, aktiv an einer Verbesserung ihrer eigenen Arbeits- und Lebensumstände zu arbeiten, überhaupt gelingen kann. Vielmehr ist es so, dass das Bild eines Sozialarbeiters in der Öffentlichkeit und auch in Kreisen anderer Akademiker eben von diesen Kollegen geprägt wird und sich so diese negative Zuschreibung nicht nur festigt, sondern auch fortsetzt. Diesen Umstand habe ich zum Anlass für meine Arbeit genommen, der die Idee zu Grunde liegt, dass Sozialarbeiter lieber jammern und wortwörtlich heulen, statt zu handeln und für sich selbst und den Berufsstand zu kämpfen. Ich bin der Überzeugung und vertrete die These, dass man, um erfolgreich für eine bessere soziale Arbeit zu kämpfen, vielen Sozialarbeitern klar machen müsste, welche Macht und Bedeutung sie haben. Wenn ihnen dies bewusst wäre, würden viel mehr Kollegen aktiv werden und versuchen, etwas zu ändern. Da aber den meisten ihre Macht und auch ihre gesellschaftliche Bedeutung nicht bewusst ist, fällt es ihnen auch schwer, aus der Position des Jammernden herauszukommen. Gerade die Anerkennung der eigenen Professionalität und Macht ist aber die unabdingbare Voraussetzung dafür, sich zu wehren und aktiv gegen gesellschaftliche Ungerechtigkeiten vorzugehen.

Bei meinen Recherchen ist mir aufgefallen, dass fast alle Autoren beschreiben, wie man als Sozialarbeiter für die Klienten einstehen kann, wie man für diese etwas verändern kann und wie man sich gegen das bestehende System einsetzt, um Verbesserungen für die Gemeinschaft zu erwirken. All dies sind gute und auch wichtige Punkte die soziale Arbeit ausmachen. Dennoch war ich ein wenig erschrocken, kaum Ansätze zu finden, wie man sich selbst gegen Ungerechtigkeiten im politischen System wehrt beziehungsweise wie man dieses in Richtung eines wertschätzenderen Umgangs mit sozialer Arbeit verändert. Das Positive an allen Vorschlägen hinsichtlich einer positiven Veränderung zu Gunsten der Klienten ist, dass man diese auch wunderbar auf die Sozialarbeiter selbst anwenden kann, da auch diese in der aktuellen Zeit von Armut und Ausbeutung bedroht sind. Somit möchte ich mit dieser Arbeit auch versuchen, Sozialarbeitern vor Augen zu führen, wie es aktuell um die Profession bestellt ist, und sie ermutigen, dem öffentlichen Bild von Sozialarbeitern entgegenzutreten, um etwas zu verändern. Dementsprechend habe ich die Überschriften der Kapitel so gewählt, dass sie zum einen mich mit einschließen, da auch ich nicht gegen Jammern immun bin, und zum anderen einen klaren Aufforderungscharakter haben, der Kollegen zum Handeln ermuntert.

Meine Arbeit besteht aus drei Hauptteilen. Im ersten, mit der Überschrift „Weswegen wir jammern", habe ich versucht, die aktuelle Situation in der Sozialen Arbeit darzulegen. Hierzu habe ich in verschiedenen Unterkapiteln die Gründe für das Jammern und Klagen von Sozialarbeitern zusammengetragen. All diesen Gründen liegt die Annahme zu Grunde, dass ein Sozialarbeiter zu wenig Macht hat und mehr oder minder der Passagier seines eigenen (Arbeits-)Lebens ist. Dem versuche ich im zweiten Kapitel, mit der Überschrift „Wir sind mächtig!", entgegenzuwirken. In diesem habe ich herausgearbeitet, was Macht im Kontext von sozialer Arbeit bedeutet und was das Bewusstwerden von Macht für unsere Profession bedeuten kann. Dies ist die Grundlage für das dritte Kapitel, da nur der Sozialarbeiter, der sich seiner Macht und seiner Professionalität bewusst ist, die Rolle des Klagenden verlassen wird und aktiv gegen Missstände, die sein (Arbeits-)Leben erschweren, vorgehen wird. Auf welche Art und Weise man sich wehren kann, zeige ich dann im dritten und letzten Kapitel, mit dem Titel „Wehren wir uns!".

1 Weswegen wir jammern

In diesem Kapitel habe ich versucht, Gründe zusammenzutragen, über die viele Kollegen und auch ich aktuell jammern und klagen. Beginnen werde ich dabei mit dem Grund, auf dem aus meiner Sicht alle anderen Gründe aufbauen. Dieser ist die Tradition der Sozialen Arbeit. Aufgrund dieser ist über die Jahrzehnte ein öffentliches Bild von sozialer Arbeit entstanden, welches wiederum dazu führt, dass wir uns heute der fortschreitenden Ökonomisierung unterwerfen. Diese Unterwerfung hat die Folge, dass wir schlecht bezahlt werden und dass wir überarbeitet sind. Wie bereits geschrieben werde ich im folgenden Punkt die Entwicklung der Sozialen Arbeit darlegen, die in meinen Augen ursächlich für viele weitere Probleme des Berufsfeldes ist.

1.1 Wir jammern aufgrund unserer Tradition

Die soziale Arbeit hat, im Gegensatz zu anderen Professionen, keine lange Tradition. Sie entstand mit der zunehmenden Industrialisierung im neunzehnten Jahrhundert. Hier war eine ihrer Hauptaufgaben, die Begleiterscheinungen des zunehmenden Kapitalismus zu entschärfen. Sie übernahm somit Aufgaben, die früher beispielsweise von kirchlichen Wohltätigkeitsverbänden übernommen wurden. Diese hatten bereits in den vergangenen Jahrhunderten über Zucht- und Armenhäuser oder aber auch Waisenhäuser versucht, die Gesellschaft zu disziplinieren und die staatliche Ordnung aufrechtzuerhalten. Diese zuerst noch überschaubaren Auswüchse der beginnenden Urbanisierung und Industrialisierung wuchsen im neunzehnten Jahrhundert immer mehr an und führten dazu, dass Armut und Elend immer breitere Gesellschaftsschichten betrafen und dies nun zu einer Gefahr für den gesellschaftlichen Frieden wurde. In dieser Zeit liegen die Wurzeln der Sozialen Arbeit. Die ersten nachweisbaren Sozialarbeiter konnte man beispielsweise in Elberfeld finden. Hier wurde 1853 eine neue Armenversorgung aufgebaut, die den Einsatz von kommunalen, ehrenamtlichen Armenpflegern vorsah, die innerhalb der Bevölkerung den Hilfebedarf ermittelten, um die Betroffenen schnell in Arbeit zu vermitteln, um die materielle Unterstützung zurückfahren zu können. Später wurde dann das so genannte „Straßburgersystem" eingeführt, bei dem die Ehrenamtler durch Beamte ersetzt wurden. Die folgenden Jahrzehnte brachten die Sozialgesetzgebung und die Entstehung von Wohltätigkeitsverbänden und Vereinen wie der AWO und der Caritas. Mit deren Entstehung differenzierte sich das Hilfesystem aus. Auf der einen Seite fand man nun die sozialpolitische und bürokratisch organisierte Versicherung und auf der anderen die privat organisierte Hilfe der Verbände. Dies führte dazu, dass es um die Jahrhundertwende nun die ersten vollberuflichen Sozialarbeiter gab. Vor und mit dem ersten Weltkrieg entwickelte sich der Bereich zu einer Frauendomäne, da die soziale Hilfe für Frauen eine Chance darstellte, sich beruflich zu engagieren und dies mit einer akademischen Ausbildung zu verbinden. Die Folgen des ersten Weltkriegs stellten die soziale Arbeit vor große Herausforderungen, da viele Menschen in Not und Elend lebten. Einen weiteren Aufschwung erlebte die Profession durch die Weimarer Republik. In dieser wurden soziale Grundrechte gesetzlich verankert und Kinder und Jugendliche bewusst staatlich gefördert. Dies führte unter anderem zur Einrichtung von Jugendämtern. 1922 wurde diesbezüglich das Reichswohlfahrtsgesetz geschaffen, welches die öffentliche und freie Jugendhilfe organisierte. Diese erfreulichen Entwicklungen fanden mit der Machtübernahme der Nazis eine jähes Ende, da durch diese alle Organisationen, die neben der Volkswohlfahrt bestanden, ausgeschaltet wurden.

Nach dem zweiten Weltkrieg verlief die Entwicklung in den beiden deutschen Staaten unterschiedlich. Während in der DDR die soziale Arbeit in die Bildungspolitik überging und sozialpädagogische Hilfestellungen ehrenamtlich organisiert waren, prägten in der BRD die in der Nazizeit ausgewanderten und nun zurückkommenden Sozialarbeiter die Profession. Mit den in den USA erworbenen Arbeitsweisen und Methoden veränderten sich auch der Arbeitsansatz und das Arbeitsfeld. An die Seite des Jugendamtes und der Wohlfahrt traten nun Nachbarschaftshäuser, Gruppenarbeit und Gemeinwesensarbeit. Zudem wurden der Sozialstaat und auch die soziale Arbeit nach und nach ausgebaut. Das Hauptaugenmerk lag nun auf der Lebenswelt der Menschen. Zudem standen besonders in den sechziger Jahren Chancengleichheit und Absicherung im Mittelpunkt der Politik, was zu einem immensen Aufschwung der Sozialen Arbeit führte. In dieser Zeit entstanden auch die Sozialpädagogische Familienhilfe, Frauenhäuser, Obdachlosenhilfe und Mobile Jugendarbeit. Aufgrund der Kritik an dem bevormundenden Stil innerhalb vieler Heime lag nun der Hauptschwerpunkt von sozialer Arbeit auf ambulanten Hilfen. (vgl.: Seithe 2007, S. 39-47)

Betrachtet man diese Entwicklung der Sozialen Arbeit, so kann man festhalten, dass diese bis in die siebziger Jahre durchweg positiv verlief. In den achtziger und neunziger Jahren setzte dann eine zunehmende Professionalisierung ein, die bis heute immer weiter voranschreitet. (vgl.: ebd.: S. 38) Hinzu kommt, dass durch diese Entwicklungen der beschriebene Korporatismus früherer Tage zunehmend durch Wettbewerb zwischen den Trägern ersetzt wird. (vgl.: Dahme 2007, S. 22) Dies und auch die zunehmende Dokumentationspflicht führen dazu, dass aktuell Beziehungsarbeit in der Sozialen Arbeit eher klein geschrieben wird und betriebswirtschaftliche Kennziffern dominieren. Zu diesem Aspekt werde ich mich jedoch nochmals in Kapitel 1.3. ausführlicher äußern. Die skizzierte positive Entwicklung bis weit in die siebziger Jahre hinein scheint die von mir aufgestellte Hypothese, dass hierin ein Grund für das Jammern einer ganzen Profession liegt, erst einmal zu widerlegen. Die geschichtliche Entwicklung, mit ihren Ursprüngen im kirchlich-karitativen Kontext, hat laut Mergner dazu geführt, dass es sich bei der Profession um eine bescheidene und wenig politische handelt, die sich oftmals nur zum Helfen verpflichtet sieht. (vgl.: Mergner 2007, S. 118) Sie wird aus meiner Sicht somit auch kaum von der Öffentlichkeit wahrgenommen, was wiederum dazu führt, dass viele „wichtige" Personen in Politik und Wirtschaft kaum Notiz von ihr nehmen.

Mergner verweist zudem darauf, dass die Geschichte der Profession zur Herausbildung eines „kollektiven Sozialcharakters" geführt hat, dessen Züge man bei vielen Sozialarbeitern findet. So zeichnen sich diese oftmals nicht durch offensive Interessenvertretung aus, sondern vielmehr durch eine erlernte Hilflosigkeit, die auch eine weitgehende Identifikation mit den eigenen Klienten beinhaltet und so zu einem Gefühl der Machtlosigkeit gegenüber äußeren Einflüssen führt. Zusätzlich attestiert er diesem „Sozialcharakter" ein Gefühl der fehlenden Wertschätzung für die eigene Arbeit, das zu einem Rückzug und zu einer klagenden Hinnahme führt. (vgl.: ebd.: S. 119-121) Hinzu kommt meiner Meinung nach, dass die von Beginn an bestehende Organisation in Wohlfahrtsverbänden dazu geführt hat, dass diese und somit auch die Personen, die innerhalb der Träger arbeiten, sich kaum mit wirtschaftlichen Themen und dem aufkommenden Neoliberalismus befasst haben und nun vollkommen von den aktuellen Entwicklungen überrascht sind und sehr unter diesen leiden. Kurz gesagt führt die Tradition der Sozialen Arbeit dazu, dass auch heute noch mehr Wert auf das Helfen und Unterstützen gelegt und das Wirtschaftliche vollkommen außer Acht gelassen wird. Da dies aber unter den aktuellen Bedingungen kaum noch möglich ist, haben es viele Sozialarbeiter sowie ihre jeweiligen Träger schwer, in dem aktuellen wirtschaftlichen System zu bestehen.

Die enormen Fortschritte hinsichtlich der verschiedenen Bereiche, in denen die soziale Arbeit aktiv wird, und die zunehmende Professionalisierung wurden jedoch kaum der Öffentlichkeit bekannt gemacht, wodurch ein Bild der Profession entstand, welches bis heute noch gültig ist und welches ich im Folgenden darstellen möchte, da hierin ein zweiter Grund des Jammerns von Sozialarbeitern liegt.

1.2 Wir jammern aufgrund unseres Bildes in der Öffentlichkeit

Würde man Leute fragen, was sie denken, was ein Sozialarbeiter leistet, so würde man mit Sicherheit alle gängigen Klischees über die Profession erfahren, die in der Öffentlichkeit seit Jahren bzw. Jahrzehnten gängig sind. Nach diesen ist soziale Arbeit nicht viel mehr als reden, Kaffeetrinken und Beschäftigung von Familien, Kindern und Jugendlichen. Hinzu kommt, dass ein Sozialarbeiter auch nichts wirklich richtig kann, da er, sobald es komplex und schwierig wird, Ärzte, Psychologen oder Schuldnerberater hinzuziehen muss, um die Probleme der Klienten zu lösen. (vgl.: Seithe 2007, S. 31- 34).

Wie man anhand dieser Beschreibung sieht, ist das Vertrauen in die soziale Arbeit und die Sozialarbeiter nicht sehr groß. Erschüttert wird es zudem zusätzlich, wenn Skandale um vernachlässigte und verwahrloste Kinder an die Öffentlichkeit gelangen. Leider sind es zumeist eben auch nur diese Fälle, die die Öffentlichkeit mit sozialer Arbeit konfrontieren. Dass oftmals prekäre Arbeitsbedingungen zu diesem Ergebnis führen, entzieht sich meist dem Blick von Öffentlichkeit und Politik. Vielmehr zielen oftmals alle medialen Berichterstattungen auf die Sozialarbeiter und ihr angebliches Versagen, welches dann mit den von mir beschriebenen Klischees begründet wird. (vgl.: ebd.: S. 23) Hierbei wird den verantwortlichen Sozialarbeitern oftmals noch unterstellt, zu gutgläubig und zu weich gewesen zu sein.

Infolge dieses desaströsen öffentlichen Bildes denken viele, dass die soziale Arbeit ihnen nicht helfen kann, und setzen sich auch nicht mit den von ihr angebotenen Hilfen auseinander. Niemand in meinem Freundeskreis würde sich beispielsweise vorstellen, eine Familienhilfe zu beantragen, da dies ja nur etwas für bildungsferne Schichten ist, die ihr Leben selbst nicht geregelt bekommen. Diese Zielgruppe ist ein weiterer Punkt, der für das negative Image der Profession verantwortlich ist. Da diese keine Lobby hat und oftmals aus Obdachlosen, gewalttätigen Eltern und anderen Randgruppen besteht, möchte sich niemand hinzuzählen und distanziert sich somit von diesen und auch von den Menschen, die sich um sie kümmern. (vgl.: ebd.: S. 35-36) Soziale Arbeit findet somit zumeist in den gesellschaftlichen Randbereichen statt und wird von „normalen" Menschen nicht wahrgenommen. Was wahrgenommen wird, sind meist die beschriebenen Skandale, die dann dazu führen, dass der Ruf entsteht, dass es sich bei der Profession um eine teure und ineffektive handelt, bei der gespart werden kann.

An diesen Umständen sind die Sozialarbeiter und deren Ausbilder an den Fachhochschulen und Universitäten jedoch nicht ganz unschuldig. Neben den schon im vorigen Punkt beschriebenen Eigenschaften von vielen Sozialarbeitern, die den so bezeichneten „Sozialcharakter" ausmachen und die dazu führen, dass dieser zumeist kein selbstbewusstes Auftreten hat, seine Professionalität verschleiert, konfliktscheu und anpassungsbereit ist, wurden auch errungene und erforschte Erfolge viel zu selten der Öffentlichkeit bekannt gemacht. (vgl.: ebd.: S. 38) Viele Politiker wissen oftmals nichts über die gute Arbeit der Streetworker, die ganze Stadtteile beleben und gestalten und so Menschen eine Zukunft geben, die diese schon abgeschrieben hatten. Ebenso sind oftmals vielen lediglich die Kosten der ambulanten Hilfen zur Erziehung bekannt, nicht aber die Arbeitsweise und die Erfolge, die die Kollegen in der Familienhilfe vorzuweisen haben. Dass Sozialarbeiter unter den heutigen Umständen mehr denn je damit beschäftigt sind, die negativen Folgen des entfesselten Kapitalismus aufzufangen und Leuten Perspektiven zu vermitteln, ist den politischen Mandatsträgern und der Öffentlichkeit nicht bekannt bzw. wird diesen von Seiten der Sozialen Arbeit auch nicht bekannt gemacht. Dass hierunter viele Kollegen leiden, ist absolut verständlich und nachvollziehbar, da jeder für seine geleisteten Tätigkeiten Wertschätzung erfahren möchte. Wenn diese zeitweise bzw. dauerhaft fehlt, ist es kaum verwunderlich, dass sich ein ganzer Berufszweig in die Opferrolle zurückzieht und auch in dieser verharrt. Diese schlechte Außendarstellung, verbunden mit dem beschriebenen „Sozialcharakter" und den hohen Kosten, die allesamt durch öffentliche Kassen gedeckt werden, führt dazu, dass zum einen gejammert wird und dass sich zum anderen die soziale Arbeit einen Weg gesucht hat, um sich zu profilieren. Dieser Weg führte ab den neunziger Jahren geradewegs in eine Ökonomisierung des sozialen Bereichs und schuf somit, obwohl anders gewollt, einen neuen Grund zu klagen.

1.3 Wir jammern über Ökonomisierung und Neoliberalismus

Ausgangspunkt der Ökonomisierung der Sozialen Arbeit waren, wie bereits beschrieben, die neunziger Jahre. In diesen wurde von Seiten der öffentlichen Hand der Zustand der Jugendämter und der allgemeinen Verwaltung als zu starr und unflexibel befunden. In der Folge dieser Feststellung wurden viele Aufgaben an freie Träger weitergegeben. Von dieser Verlagerung erhofften sich die öffentliche Hand und auch viele Sozialarbeiter eine rationalere und weniger bürokratischere Arbeitsweise, da innerhalb der Träger kürzere Dienstwege vorherrschten. Zudem setzte man in die Träger die Hoffnung, die Arbeit transparenter und kontrollierbarer zu machen. Die Einführung der so genannten „Neuen

Steuerung" erfolgte dabei Schritt für Schritt und hatte vornehmlich das Ziel, den gesamtem Sozialen Bereich vom öffentlichen in den ökonomischen Sektor, sprich Richtung Markt und Wettbewerb zu führen, da das bis dahin gültige Wohlstandsmodell für gescheitert erklärt wurde. Dieses war vielen über die Jahre zu kostenintensiv geworden, wodurch die neuen Steuerungsmodelle vor allem auch die Aufgabe hatten, die Kosten zu reduzieren. Dies führte zu radikalen Veränderungen innerhalb der Profession. (vgl.: Seithe 2012, S. 121-125)

Die erste Veränderung betraf hierbei die Privatisierung öffentlicher Aufgaben. Durch die Entstaatlichung der Sozialen Arbeit öffnete man diese für private, gewerbliche Anbieter, was zu einer radikalen Kostensenkung führte. Wettbewerb und Konkurrenz wurden geschaffen, um effizienter zu arbeiten. Dies hatte zur Folge, dass aufgrund der privatwirtschaftlichen Ausrichtung der Träger das Gewinninteresse über das Gemeinwohlinteresse gestellt wurde. In diesem neuen System tritt der Staat nur noch als derjenige auf, der den Markt steuert, er bietet aber selbst nichts mehr an, sondern ist nur noch derjenige, der Leistungen einkauft. Diese Privatisierung führte zu einer zweiten Veränderung, indem sie die Verantwortung für die Existenz eines Unternehmens auf dieses selbst ausrichtet und somit auch die Mitarbeiter für das positive Ergebnis oder aber das Scheitern ihres Unternehmens verantwortlich sind. Dass dies den Druck auf die Mitarbeiter selbst erhöht und diese zum Klagen bringt, ist nur verständlich. Ein dritte Veränderung bezieht sich auf das Verhältnis zwischen Träger und öffentlicher Hand. Da Letztere Leistungen einkauft und bezahlt, haben die Verträge eindeutig unternehmerische Züge und statten den Einkäufer mit einer Macht und Kontrollfunktion aus, die es vorher so nicht gab. Zudem bringen die Verträge den Leistungserbringer in ein Abhängigkeitsverhältnis, da oftmals nur die öffentliche Hand bei diesem Leistungen einkauft und so ein Quasi-Monopol zu Lasten der freien Träger besteht. Dieses Abhängigkeitsverhältnis hat wiederum zur Folge, dass von diesen alle gewünschten Kostensenkungen erfüllt werden und somit die Kostenaspekte heute oftmals ausschlaggebender als die fachlichen sind. Zusätzlich sind nun auch die geschlossenen Leistungsvereinbarungen für die Bezahlung ausschlaggebend, da nur das gezahlt wird, was in diesen enthalten und definiert ist. (vgl.: ebd.: S. 124-133).

All diese Veränderungen haben den gesamten Charakter der Sozialen Arbeit verändert. Wo früher Beziehungsaufbau und individuelle Entwicklung der Klienten im Vordergrund stand, dominieren heute Konkurrenz und Wettbewerb, dem sich die Wohlfahrtsverbände und freien Träger stellen müssen. Dieser Umstand hat zur Folge, dass bei der Hilfegewährung die fachlichen Belange oftmals sekundär sind. Es setzt sich durch, was billig ist, und jeder Anbieter versucht alles, um die Preise des Mitbewerbers zu drücken. Somit kann man konstatieren, dass auch in der Sozialen Arbeit eine „Geiz ist geil"-Mentalität eingesetzt hat, die in Zukunft schwer zu bremsen sein wird. Diese Konkurrenzsituation erschwert den verschiedenen Anbietern auch, sich auszutauschen, zusammenzuarbeiten und Synergien zu erzeugen, da jeder Angst hat, dass das geplante Angebot von anderer Seite in ähnlicher und günstigerer Form angeboten wird. (vgl.: ebd.: 134-141) Hieraus resultiert auch ein wesentliches Hindernis zur Bündelung von Interessen und Erzeugung von Macht. Solange alle Sozialarbeiter sich als Konkurrenten sehen und sich nicht austauschen und organisieren, solange wird es auch schwierig sein, etwas Grundsätzliches am System zu ändern. Somit kann man sagen, dass die Ökonomisierung dazu geführt hat, die Macht von Sozialarbeitern einzuschränken, da sie viel zu sehr damit beschäftigt sind, sich im gegenseitigen Wettbewerb zu unterbieten und anzubieten.

Ein anderes Problem besteht darin, dass sich auch auf Seiten der öffentlichen Hand mittlerweile die Sichtweise durchgesetzt hat, dass die hohen Kosten des Sozialen Bereichs nicht etwas die Folge von wachsenden Problemen sind, sondern dass vielmehr die ineffizienten Angebote der Sozialen Arbeit hieran ihren Anteil haben. Dies rechtfertigt somit Kürzungen auf verschiedenen Ebenen. So werden Stellen gestrichen, Projekte eingestellt und prekäre Arbeitsbedingungen und der Einsatz von fachfremdem Personal nicht etwa hinterfragt, sondern geduldet. (vgl.: ebd.: S. 145-149)

Durch die eingeführte Ökonomisierung und Veränderungen der Arbeitsabläufe, welche die eher fürsorgliche Sozialarbeit der vergangenen Jahrzehnte ablösten, erhofften sich viele Sozialarbeiter nicht nur eine erfolgreichere Arbeit, sondern auch eine bessere äußere Reputation durch die versprochene Messbarkeit dieser.

Dass diese Hoffnungen jedoch enttäuscht wurden, zeigt beispielsweise die Standardisierung von Arbeitsabläufen, die die jahrzehntelang gültige Autonomie des professionellen Handelns mehr und mehr zurückgedrängt hat. Dies hatte wiederum zur Folge, dass die Arbeitsverträge zwischen Klient und Sozialarbeiter eher die Form von Verordnungen annahmen. Das Vermitteln und Managen rückte immer mehr ins Zentrum der Sozialen Arbeit. Die vormals subjektorientierte Beratungsarbeit wurde durch die Möglichkeiten des Drucks und der Sanktion ergänzt. Vielmehr gelten diese heute in einigen Fällen als Arbeitsgrundlage. Mechthild Seithe wirft dem Neoliberalismus und dessen Vertretern vor, sich eher für materielle Dinge und Geld zu engagieren als für Personen. (vgl.: ebd.: S. 360-362) Diese Einstellung führt dazu, dass die Sozialarbeiter eher dazu gezwungen werden, mit wenig Geld umzugehen, wodurch, wie bereits erwähnt, fachliche Standards bedeutungsloser werden. Soziale Arbeit wird so von der Politik lediglich als Produktionsfaktor angesehen, von dem ein bisschen Leistung besser ist als keine. Dass dieses knallharte Effizienzdenken dem fachlichen Verständnis Sozialer Arbeit fundamental wiederspricht, wurde oben bereits beschrieben. (vgl.: ebd.: S. 164-168)

Dass dieser Vorwurf nicht ganz von der Hand zu weisen ist, zeigt auch mein eigenes Arbeitsfeld innerhalb der Sozialpädagogischen Familienhilfe, in dem schon lange nicht mehr die Entwicklung des Einzelnen bzw. der Familie im Mittelpunkt steht, sondern die Höhe der geleisteten Stunden, da nur das abgerechnet werden kann, was auch wirklich erbracht wurde. Das führt zu der Situation, dass beispielsweise Familien, die sich gut entwickelt haben, nicht sukzessive vom Familienhelfer abgenabelt werden, sondern dieser trotz fehlenden Auftrags weiterhin die vereinbarten Wochenstunden leisten muss, da sonst der Träger eventuell in eine bedrohliche Schieflage geraten kann. Diese Entwicklung führte letztlich zu einer Versachlichung der Sozialen Arbeit. Durch die Einführung von beispielsweise Leistungsdokumentationen, Qualitätsmanagement und anderen administrativen Dingen bleibt den Sozialarbeitern immer weniger Zeit für den Klienten. Somit wird die für die Profession charakteristische Beziehungsarbeit durch betriebswirtschaftliche und administrative Aufgaben an den Rand gedrängt. (vgl.: Kühnlein 2007, S. 38-39). Seithe geht sogar so weit, dass sich die Profession aktuell von sich selbst entfremdet. Hierfür bringt sie einige Beispiele, die durchaus nachvollziehbar sind. So ist aktuell handlungsleitend, was nichts kostet. Das bedeutet, man doktert herum, versucht lange Zeit, ambulant zu betreuen, obwohl man weiß, dass stationär erfolgreicher wäre. Man versucht, seine Produkte so zu entwickeln, dass diese messbar, transparent und kontrollierbar sind, um den Käufer zu überzeugen, obwohl man weiß, dass die geleisteten Tätigkeiten nicht quantitativ erfassbar sind. Niemand kann beispielsweise Partizipation, Hilfe zur Selbsthilfe oder Lebensweltorientierung messen und das im besten Fall in Zahlen ausdrücken. Genau dies ist jedoch innerhalb des betriebswirtschaftlichen Kontextes nötig, um Effizienz und Erfolg nachzuweisen. Hinzu kommen die Schwierigkeiten, sozialarbeiterische Tätigkeiten, die oftmals komplex und schwer durchschaubar sind, in kurze und aussagekräftige Leistungsbeschreibungen zu bündeln. Infolge dieser Problemlagen sieht Seithe die Gefahr, dass die Profession zu einer platten, eindimensionalen Hilfsebene verkommt. (vgl.: ebd.: S. 189-201)

Zusammenfassend ist die so entstandene soziale Arbeit gekennzeichnet durch verschlechterte Arbeitsbedingungen, durch einen nicht enden wollenden Sparkurs, durch den Rückzug des Staates aus seiner sozialen Verantwortung, fachfremde Definition fachlicher Aspekte, fachfremde Zielorientierung und Erfolgsdefinition und die Annahme, soziale Arbeit sei nichts anderes als ein bloßes Verhaltenstraining. (vgl.: ebd.: S. 351) Dieser drastische Wandel der sozialen Arbeit führte zu einer Herabsetzung einer ganzen Profession. Eine meiner Hypothesen diesbezüglich ist, dass keine andere akademische Profession, wie beispielsweise die der Mediziner oder die der Ingenieure, so einen Wandel klaglos über sich ergehen gelassen hätte. Hierfür verantwortlich mache ich, wie bereits beschrieben, den dargestellten Sozialcharakter, der dazu führt, dass sich die in der Sozialen Arbeit Beschäftigten kaum zur Wehr setzen. Daneben führt dann das Bild in der Öffentlichkeit dazu, dass in dieser kein Lobby entsteht, die für die Sozialarbeiter Partei ergreifen könnte. Somit hat der gesamte Berufsstand, inklusive seiner Verbände, diese Entwicklung mehr oder minder über sich ergehen lassen und klagt nun aber über zwei weitere Folgen, die ganz klar mit der Ökonomisierung zusammenhängen: die prekären Arbeitsverhältnisse und die Überlastung. Diese beiden Punkte werde ich nun in den folgenden beiden Unterkapiteln darstellen.

1.4 Wir jammern über prekäre Arbeitsverhältnisse

Die eben beschriebene neue Ausrichtung der Sozialen Arbeit, in der nur noch Kosten zählen, hat natürlich Auswirkungen auf die in dem Bereich Beschäftigten. Da die Maxime Kostenersparnis ist, sind diese natürlich nicht positiv, sondern eher negativ und für die Sozialarbeiter belastend. Die Übernahme der Tätigkeiten der öffentlichen Hand durch freie Träger, veränderte die Beschäftigungsstruktur innerhalb der Sozialen Arbeit fundamental. Es wurde durch die Notwendigkeit der Kostensenkung ein Niedriglohnsektor geschaffen, in dem das Gehalt nicht mal zur Sicherung der eigenen Existenz reicht. (vgl.: Dahme 2007, S. 22-27) Aufgrund der um sich greifenden Ökonomisierung und der Arbeit nach klaren Effizienzkriterien kommt es vermehrt zum Auftreten von Minijobbern und Leuten, die keine Fachkräfte sind. Weitere Charakteristika der heutigen Sozialen Arbeit sind neues Tarifrecht, steigende Arbeitslosigkeit, fehlende Tarifverträge und Rationalisierung auf allen möglichen Ebenen. Dies hat in den letzten Jahren zu einer Personalausdünnung bei gleicher Fallauslastung geführt, die zu der im nächsten Punkt dargestellten Überlastung geführt hat.

Besonders prekär sind die Arbeitsbedingungen hierbei in Ostdeutschland. Hier werden mehr als die Hälfte aller Beschäftigten mit Haustarifen vergütet. Zudem ist auch die Hälfte aller Sozialarbeiter nur befristet angestellt. Da Ostdeutschland schon immer ein Trendsetter hinsichtlich der Verschlechterung von Arbeitsbedingungen war, ist anzunehmen, dass diese Personalpolitik und Struktur bald auch auf das gesamte Land übergreift. Ein weiterer Trend, der sich aktuell im Osten abzeichnet, ist der, dass Fachkräfte nur noch dazu herangezogen werden, um Fälle zu managen und dass die eigentliche Arbeit vom fachfremden Personal durchgeführt wird. (vgl.: Simon 2007, S. 66) Diese Entwicklung zeichnet sich auch innerhalb meines Trägers ab, bei dem Fälle, in denen lebenspraktische Dinge im Mittelpunkt der Arbeit stehen, von fachfremden Mitarbeitern übernommen werden, die so auch vom Jugendamt eingekauft werden. Dass sich so das beschriebene Bild von sozialer Arbeit, die scheinbar jeder kann, verfestigt, sollte unter diesen Umständen nicht verwundern. Somit entsteht nach und nach eine Profession, die aus vielen befristeten und Teilzeitarbeitsplätzen besteht und die chronisch unterfinanziert ist. In Ostdeutschland kommt hierzu noch die Besonderheit, dass trotz fachlicher Angleichung an den Westen die finanzielle fehlt und bei vielen Trägern infolge der Unterfinanzierung kein Urlaubs- oder Weihnachtsgeld gezahlt werden kann. (vgl.: ebd.: S. 74-75)

Nodes hat diesen Befund im Jahre 2011 mit Zahlen belegt. Demnach stieg der Anteil von Teilzeitbeschäftigten nach den Daten der Agentur für Arbeit im Jahr 2001 auf 43,17 % innerhalb der gesamten Berufsklasse. Nach dem Mikrozensus waren innerhalb der Kinder- und Jugendhilfe 51 % teilzeitbeschäftigt und innerhalb der Sozialarbeiter 36,4 %. Generell zeichnete der Mikrozensus ein äußerst negatives Bild von der Kinder- und Jugendhilfe, in die auch die soziale Arbeit gezählt wird. Demnach wurden in den Jahren 1998 bis 2006 40 % aller Vollzeitstellen abgebaut. Neben den Vollzeit- und Teilzeitstellen wurde auch die Bezahlung der Beschäftigten erfasst. Auch diese Zahlen belegen die prekären Arbeitsbedingungen innerhalb der Kinder- und Jugendhilfe. Demnach verdient ein Großteil der in diesem Bereich Beschäftigten weniger als 1500 € netto im Monat. Nur 55,26 % der Befragten verdienten mehr als diese Summe. 14,79 % verdienten jedoch sogar weniger als 900 €, was in Deutschland den Schwellenwert für die Armutsgefährdung darstellt. Dass es zudem ein Gefälle, hinsichtlich der Bezahlung, zwischen öffentlichen Dienst und freien Trägern gibt, sieht man am Durchschnittsverdienst. Dieser lag innerhalb des öffentlichen Dienstes bei 1874 € und während er bei den freien Trägern nur 1471 € betrug. (vgl.: Nodes 2011, S. 47-49) Da die Mehrheit aller Sozialarbeiter mittlerweile bei freien Trägern beschäftigt ist, ist es somit also nicht verwunderlich, dass die Arbeitsbedingungen immer prekärer werden.

All dies ist ein Kreislauf, aus dem viele Träger nicht mehr herauskommen. Um sich dem Kostenträger am besten zu verkaufen, werden die Leistungsbeschreibungen so gestrickt, dass sie wenig kosten. Dies führt jedoch wiederum zum Personalabbau bei gleichbleibender Arbeit. Hieraus entsteht dann für die verbliebenen Sozialarbeiter Mehrarbeit. Hinzu kommen dann Mitarbeiter, die teilweise über keine fachliche Eignung verfügen, da man Fachkräfte für diese Bezahlung schwer bekommt. Da nur so jedoch das Sparen und die Effizienz der Angebote gesichert sind, wird der Träger dieses Konzept immer wieder anwenden, um im Wettbewerb bestehen zu können. Ein weitere Spielart, die bei vielen Trägern die Lohnkosten senkt, ist die, dass beispielsweise eine Familienhilfe nur dann volles Gehalt bekommt, wenn sie ihre Fachleistungsstunden voll ableistet. Dass dies jedoch kaum in der Hand des betreffenden Sozialarbeiters liegt, sondern vielmehr in der des Klienten, wird hierbei vernachlässigt. Vielmehr führt diese Art der Vergütung dazu, dass Klienten trotz Fortschritten an den Sozialarbeiter gebunden werden, da dessen Gehalt vom Klienten abhängig ist. Dass so Hilfe zur Selbsthilfe zu einer Phrase verkommt, sollte jedem klar werden. Unter diesen Zwängen und Nöten, sich seine Existenz zu sichern, gleichzeitig die Existenz des Unternehmens zu sichern, nicht zu wissen, wie lange ein Projekt noch läuft beziehungsweise ob der Arbeitsvertrag verlängert wird, leiden viele Kollegen berechtigterweise. Infolge der immer mehr auf Effizienz ausgelegten Abrechnung von sozialer Arbeit, die meist nur durch Personalabbau möglich ist, steigt natürlich auch die Arbeitsbelastung der Mitarbeiter. Auf diesen Aspekt des Klagens werde ich im Folgenden näher eingehen.

1.5 Wir jammern aufgrund von Überlastung

Infolge der Ökonomisierung und der hieraus entstandenen prekären Arbeitsbedingungen kommt es durch klamme Kassen und Personalabbau zu immer weiteren Überlastungen der Beschäftigten. Überlastung betrifft jedoch nicht nur die freien Träger, sondern auch den öffentlichen Dienst und die Jugendämter. Demnach empfinden vor allem die Mitarbeiter des Allgemeinen Sozialen Dienstes (ASD) ihre Arbeit als Belastung. Seit Einführung des §8a lastet auf diesen noch mehr Verantwortung, da diese nun oftmals für die Vernachlässigung von Kindern verantwortlich gemacht werden. Da die Mitarbeiter jedoch oftmals bereits an ihren Grenzen sind, erhöht sich der Druck auf diese nur noch weiter. (vgl.: Schilay; Decker 2010, S. 10) Hohe Fallzahlen und ein durchaus kritischer Blick der Öffentlichkeit belasten die Beschäftigten ebenso wie der Wandel der Arbeit im ASD. Wie auch innerhalb der Familienhilfe sind die Fälle aufgrund der gesellschaftlichen Entwicklung der letzten Jahre schwieriger und komplexer geworden, was dazu führt, dass die Mitarbeiter oftmals an ihre Leistungsgrenzen stoßen. Wenn dann doch ein Fehler geschehen sollte, wird dies oftmals medial und auch innerhalb des Amtes als individueller Fehler gewertet. Dass jedoch das System, so wie es aufgebaut ist und funktioniert, maßgeblich zu Fehlern führt, wird nicht erwähnt. Hieran wird deutlich, dass es sich bei der Arbeit im ASD, aber auch bei der Arbeit in anderen Bereichen der Sozialen Arbeit, um eine psychisch belastende Tätigkeit handelt, bei der die Beschäftigten immer wieder ihre negativen Gefühle gegenüber den Klienten unterdrücken müssen und mit immer schwierigeren und komplexeren Aufgaben betraut werden. (vgl.: Rudow 2010, S. 10-11)

Rudow macht drei Hauptbelastungspunkte innerhalb der Arbeit des ASD aus, die ich so jedoch auch auf meinen Arbeitskontext, der Sozialpädagogischen Familienhilfe, übertragen würde. Dies ist zum einen die Ermüdung, unter der man die Minderung der körperlichen und geistigen Leistungsfähigkeit als Folge der Arbeit versteht. Hinzu kommt die Sättigung. Hiermit ist die emotionale Ablehnung sich wiederholender und als unangenehm empfundener Arbeitssituationen gemeint. Dies können Hausbesuche oder aber auch Gespräche mit Klienten sein, gegen die über die Dauer der Jahre eine Abneigung entsteht. Der letzte, wohl aber größte Belastungspunkt ist der Stress, der aufgrund der schrumpfenden Mitarbeiterzahlen bei gleichbleibender bzw. mehr werdender Arbeit entsteht. Die Folgen dieser Belastungen können ein Burn-Out-Syndrom oder andere psychische bzw. psychosomatische Erkrankungen sein. (vgl.: ebd.: S. 12-14)

Aufgaben, die zu diesen Belastungen führen, kann man ganz klar festmachen. Hierzu zählt zu allererst der reduzierte Personalschlüssel, der dazu führt, dass sowohl im Bereich Hilfen zur Erziehung als auch im ASD zu viele Fälle auf einen Mitarbeiter kommen. Diese Fälle sind dazu, wie bereits erwähnt, sehr komplex und schwierig und müssen oftmals schnell bearbeitet werden. Infolge der Ökonomisierung kommt hierzu noch eine sehr ausführliche Dokumentation. Das Ergebnis dieser Überlastungen ist, dass die Qualität der Arbeit sinkt, die reguläre Arbeitszeit nicht ausreichend ist und infolge dieser Umstände viele Kollegen krank werden und man deren Arbeit mit leisten muss. Zu all dem kommt dann noch hinzu, dass die Arbeit, wie in Punkt 1.2. beschrieben, von Seiten der Öffentlichkeit viel zu wenig wertgeschätzt wird und vielmehr als ein notwendiges Übel angesehen wird. (vgl.: ebd.: S. 17-19)

Kombiniert man nun die von mir dargestellten Punkte des Jammerns und Klagens, entsteht für mich ein schlüssiges Bild, in dem diese Punkte nicht nur aufeinander aufbauen, sondern sich gegenseitig beeinflussen. So ist der so genannte „Sozialcharakter" einer der Hauptpunkte, die dazu führen, dass viele, die in der Sozialen Arbeit tätig sind, alle Belastungen, die von Seiten des Kostenträgers an sie herangetragen werden, schultern. So werden zwar prekäre Arbeitsbedingungen, das schlechte öffentliche Auftreten und die Überlastungen bemerkt und teilweise auch kritisiert, unternommen wird jedoch nichts. Dies hängt in meinen Augen mit dem mittlerweile in der Öffentlichkeit und auch innerhalb der Profession vorherrschenden Bild zusammen, welches den Sozialarbeiter als wenig wertgeschätztes, notwendiges Übel darstellt, der seine Arbeit zwar leistet, diese aber jedoch nicht sonderlich anspruchsvoll ist. Diese negative Selbstzuschreibung hat sich mittlerweile auch bei vielen Sozialarbeitern durchgesetzt, die in der heutigen Zeit oftmals froh sind, überhaupt einen Arbeitsvertrag zu ergattern. Zu dieser Problematik trägt auch die in Folge der Ökonomisierung stattfindende fachliche Entwertung der Sozialen Arbeit bei, durch die Fachkräfte mit Leuten konkurrieren, die keine oder eine Fremdausbildung haben und die somit auch zufrieden sind, wenn sie außerhalb des Tarifs eingestellt werden. Diese niedrige Bezahlung kommt nun wiederum den Trägern zugute, die ihre Leistungen günstiger anbieten können, wodurch jedoch wieder das öffentliche Bild entsteht, dass soziale Arbeit jeder kann, da jeder in ihr arbeiten kann.

Diese Punkte zeigen meiner Meinung nach eindrucksvoll, dass es zwar genügend Sozialarbeiter gibt, die allen Grund zu klagen haben und die dies auch tun, die aber entgegengesetzt ihrer Arbeit, die in den meisten Fällen nach Lösungen sucht, die Suche nach Lösungen für die ihre eigene Person aufgegeben haben. Schuld hieran ist meiner Meinung nach ein Wechselspiel aus „Sozialcharakter", der dafür sorgt, dass Sozialarbeiter eher mit ihrer Meinung hinter dem Berg halten und nicht für ihre Interessen eintreten, und aus dem öffentlichen Bild, welches den Sozialarbeiter als redenden, zu zimperlichen Idealisten zeigt, der nichts richtig kann. Aus diesem Gemisch, noch ergänzt durch wachsenden Druck von Seiten der Verwaltung, Konkurrenz- und Überlebenskampf infolge der Ökonomisierung, kann kein Selbstbewusstsein entstehen, da vielen die Macht, die sie eigentlich wirklich haben, gar nicht bewusst ist.

Im folgenden Kapitel werde ich mich nun ganz ressourcenorientiert daran machen aufzuzeigen, in welchen Bereichen der Sozialarbeiter welche Macht und Bedeutung hat, und werde zudem versuchen, diese scheinbar verschüttete Ressource wieder offenzulegen, da nur die Kenntnis über die eigene Macht und Be-

deutung dazu führt, aktiv zu werden und gegen bestehende Probleme vorzugehen.

2 Wir sind mächtig!

Innerhalb dieses Kapitels wird es um einen Begriff gehen, den viele Sozialarbeiter, aber auch Personen aus anderen Professionen oftmals scheuen. Es geht um Macht. Allein dieser Ausspruch wird beim Leser der Arbeit ein Unbehagen auslösen. Angenommen man würde einhundert Leute fragen, ob der Begriff Macht für sie positiv oder negativ besetzt ist, so würden sich sicherlich fünfundsiebzig Leute für die eher negative Ausrichtung des Begriffs entscheiden. Verwendet man das Wort Macht, schwingt oftmals auch das Wort Unterdrückung mit, die aus einer angeblichen Machtausübung heraus angeblich entsteht. Somit ist für Sozialarbeiter die Vokabel Macht oftmals so negativ besetzt, dass sie sie zum einen nicht benutzen und sich zum anderen aber auch nicht darüber im Klaren sind, dass sie über eine gewaltige Macht verfügen. Zu wissen, dass man über diese Macht verfügt, ist aber nötig, um für seine Interessen einzutreten und aktiv zu werden. Nur wenn man es schafft, in Macht etwas Positives zu sehen, kann man gesellschaftliche Prozesse in Gang setzen, die etwas verändern. Solange sich jedoch Sozialarbeiter davor scheuen anzuerkennen, dass sie Macht haben und dass diese Macht nichts Negatives ist, solange werden sie innerhalb des Klagens verharren und für sich und die Profession keine besseren Arbeitsbedingungen schaffen.

Demnach werde ich nun im Folgenden versuchen zu verdeutlichen, was Macht eigentlich ist, indem ich verschiedene Definitionen geben werde. Hierzu zählt auch eine systemische Definition von Macht, der ich ein eigenes Unterkapitel gewidmet habe. Des Weiteren werde ich versuchen darzustellen, warum wir als Sozialarbeiter mächtig sind, um dann im dritten Punkt innerhalb des Kapitels näher darauf einzugehen, was diese Macht für die Profession bedeutet.

2.1 Die Bedeutung von Macht

Nimmt man die klassische Definition von Weber, bedeutet Macht nichts anderes als jede Chance, innerhalb einer sozialen Beziehung den eigenen Willen auch gegen Widerstände durchzusetzen. Somit müssen Machtphänomene bei mindestens zwei Subjekten oder Gruppen als aufeinander bezogen betrachtet werden. Zudem müssen diese Machtphänomene im Kontext einer Abhängigkeitsbeziehung der Subjekte oder Gruppen erklärt werden können und sie müssen bei den Mächtigen als strategisches Interventionsverhalten im Dienste ihrer eigenen Interessen interpretiert werden. Dieses Verhalten muss im Gegensatz zu den Interessen und Bedürfnissen der von Macht Betroffenen stehen. (vgl.: Krieger 2007, S. 31) Nimmt man nun diese klassische Definition zur Hand, könnte man platt sagen, Sozialarbeiter sind nicht mächtig, zumindest nicht gegenüber der öffentlichen Hand. Denn überträgt man diese Beschreibung von Macht auf das Verhältnis von freien Trägern und Sozialem Dienst, so könnte man sagen, dass der Soziale Dienst und mit ihm die Verwaltung den Trägern permanent die Gelder kürzt, da ein Abhängigkeitsverhältnis besteht. Zudem stehen die Kürzungen komplett den Bedürfnissen und den Interessen der freien Träger, sprich den von Macht Betroffenen gegenüber.

Neben dieser Definition existieren verschiedene Machtformen, die sich aus dieser ableiten lassen. Demnach existiert erstens eine physische oder auch Aktionsmacht. Das bedeutet, dass der Mächtige tatsächlich über den Körper eines anderen verfügen kann bzw. dass Macht hier in Form von Charisma auftritt. Als zweite Form kann man dann die so genannte ökonomische oder instrumentelle Macht bezeichnen. Diese bedeutet, dass die Gewinnung von Ressourcen, die für die Beherrschten von Bedeutung sind, von der Seite der Mächtigen aus an Bedingungen geknüpft ist, die entweder tatsächlich eintreten oder aber nur angedroht werden. Eine dritte Machtform ist die der Beziehungsmacht. Diese bezieht sich auf die Fähigkeit der Mächtigen, affektive Bedürfnisse der Beherrschten zu befriedigen. Diese Machtform gründet auf Vertrauen und kommt häufig in informellen und pädagogischen Interaktionsverhältnissen vor. Eine vierte Form von Macht stellt die postsoziale oder organisatorische Macht dar. Hier verfügt eine Person oder eine Personengruppe aufgrund ihrer Stellung innerhalb einer Behörde oder Institution über Macht, die sich aus ihren Rechten und Pflichten sowie aus ihrer sozialen Stellung innerhalb des Organisationsgefüges ergibt. Ein weiterer Machttyp ist die wissensmäßige Macht. Dies entsteht durch einen Vorsprung an Wissen, den die Mächtigen gegenüber den von Macht Betroffenen haben und durch den es ihnen gelingt, diese zu überzeugen. (vgl.: ebd.: S. 36-37)

Diese Formen von Macht und auch die Definition von Macht nach Weber gehen davon aus, dass es immer nur Mächtige und von Macht Betroffene gibt. Diese Annahme führt genau zu dem in der Einleitung beschriebenen Dilemma, dass Macht oftmals als etwas Negatives angesehen wird. Somit wird auch der Besitz von Macht als etwas angesehen, was man am ehesten vermeiden möchte. Die Gründe hierfür kann man sicherlich in der Zeit der Entstehung der Definition suchen, in der der erste Weltkrieg gerade seinen Schrecken verbreitet hatte. Zwei etwas positivere und auch eher in die Richtung der Arbeit zielende Beschreibungen von Macht stammen von Heiko Kleve und Saul Alinsky.

Nach Kleve ist soziale Arbeit schon immer in den Kontext von Macht eingebunden, da sie von den getroffenen Entscheidungen des Funktionssystems Politik abhängig ist. Kleves Auffassung von Macht liegen die Gedanken von Niclas Luhmann zu Grunde, der in Macht ein eigenes Kommunikationsmedium des politischen Systems sieht. Macht wird hierbei dafür verwendet, Entscheidungen, die im Politischen getroffen werden und die kollektiv bindend sind, bei fehlender Akzeptanz durchzusetzen. Somit, so Kleve, kommt Macht immer nur dann ins Spiel, wenn Kommunikation politisch wird. Hierin sieht er eine Chance, dass Macht als etwas sichtbar wird, was die soziale Arbeit politisch werden lässt. (vgl.: Kleve 2007, S. 232) Diese Verknüpfung von Macht und Politik ist dahingehend von Bedeutung, da eine Möglichkeit des Wehrens darin besteht, politisch zu werden. Dementsprechend bedeutet politisch werden, Macht zu haben. Dieser Aspekt wirkt in meinen Augen weniger bedrohlich, sondern zeigt eher einen Weg auf, wie Macht auch positiv verwendet werden kann. Eine weitere eher positive und zum Handeln ermunternde Beschreibung von Macht stammt von Saul Alinsky, der in ihr die physische, geistige und moralische Fähigkeit zum Handeln sieht. Zudem sieht er, aufgrund seines Hintergrundes als Community Organizer, Macht als eine aktive Beteiligung der Bürgerschaft, die durch eine vereinte Stärke versucht, gemeinsam ein Ziel zu erreichen. Somit, so Alinsky, kann Macht die Welt verändern oder aber Veränderungen verhindern. Er geht sogar so weit und bezeichnet Macht als den Dynamo des Lebens. Seine durchweg positive Zuschreibung begründet er damit, dass jede dem Menschen bekannte Organisation nur aus dem Grund besteht, Macht zu organisieren, anzuwenden und gemeinsame Ziele zu fördern. Somit ist es bedeutend, die Macht zu kennen und sie nicht zu fürchten, um sie sinnvoll anzuwenden. (vgl.: Alinsky 1999, S. 42- 46) Sieht man Macht als Form des Politischen und als eine Folge der Organisation von Menschen, erhält der Begriff in meinen Augen eine gleich viel positivere und weniger negativ besetzte Bedeutung. Neben dem negativen Klang des Wortes Macht in Webers Definition vernachlässigt sie aus systemisch, konstruktivistischer Sicht auch einen wesentlichen Punkt. Dieser bezieht sich auf die Beobachterperspektive, die innerhalb seiner Ausführungen nicht vorkommt. (vgl.: Krieger 2007, S. 49)

Nach Gregory Bateson entsteht Macht nur dadurch, dass der Beherrschte dem Mächtigen Macht zuschreibt. Das hat für ihn zur Folge, dass Gehorsam als unausweichlich angesehen wird und der Herrscher nicht davon ausgeht, dass von Seiten des Beherrschten Machtansprüche geprüft oder hinterfragt werden. Hierin sieht Bateson eine Gefahr für die Interaktion zwischen Menschen, da die von der Macht Betroffenen aus der Verantwortung entlassen werden und passiv auf die Wirkungen der Macht warten, sprich sich ihrem Schicksal hingeben. Dies führt dazu, dass sie selbst nicht aktiv werden und sich in eine selbstverantwortete Hilflosigkeit begeben. (vgl.: Krieger 2007, S. 41-42) Wenn man diese, doch sehr provokative Behauptung, die ich persönlich sehr gut finde, ernst nimmt, bedeutet dies nichts anderes, als dass die von Macht Betroffenen selbst für ihre Situation verantwortlich sind, da sie nicht aktiv werden und nicht handeln. Überträgt man diese Annahme auf Sozialarbeiter, so stellt man fest, dass dies sehr gut auf den aktuellen Zustand der sozialen Arbeit zutrifft. Viele schreiben beispielsweise der Verwaltung so viel Macht zu, dass sie gar nicht erst versuchen, ihre eigenen Machtansprüche zu prüfen. Somit fallen sie in die von Bateson beschriebene selbstverantwortete Hilflosigkeit, aus der sie nur schwer herauskommen. Generell sieht Bateson Macht eher als eine Metapher, die die Betroffenen aus der Verantwortung nimmt. Diese unterwerfen sich somit bestimmten Strukturen, die das Prinzip der Autopoiese vollkommen ignorieren, wodurch Macht unanfechtbar wird. (vgl.: ebd.: S. 42)

Generell ist es schwierig, wenn man an das System der Autopoiese glaubt, den Begriff Macht anzuwenden, da dieses davon ausgeht, dass Systeme nicht zielgerichtet beeinflusst werden können und Informationen und Anregungen nach ihren eigenen Erfahrungen verarbeiten. Dementsprechend ist Macht aus autopoietischer Sicht nur dann möglich, wenn die Beschreibung eines erwünschten Verhaltens durch den Mächtigen eine Bedrohung der Selbsterhaltung des von Macht Betroffenen bedeutet. Nur so ist es überhaupt möglich autopoietische Systeme zur Änderung zu bewegen. (vgl.: ebd.: S. 40) Bateson geht sogar so weit, dass er selbst diese Beeinflussung in Frage stellt, da er die Auffassung vertritt, dass Macht nur in der Sprache des Beobachters existiert, und er somit die Anwendung des Begriffs auf lebende Systeme für unpassend hält.

Macht wird somit von Seiten des Beobachters konstruiert, was dazu führt, dass aus dessen Perspektive Beschreibungen entstehen können, die die Möglichkeiten von Macht entweder begrenzen oder aber potenzieren. Die Feststellung, dass Macht wirkt, sowie die Messbarkeit ihrer Wirkung setzen also aus konstruktivistischer Sicht einen unabhängigen Beobachter voraus, dessen Beobachtung nicht zwingend mit der Selbstbeobachtung der an den Machtphänomenen Beteiligten übereinstimmen muss. So kann es innerhalb menschlicher Interaktionen dazu kommen, dass der Einfluss von Mächtigen auf andere von diesen nicht wahrgenommen wird, obwohl es ein Außenstehender merkt. Dies kann dazu führen, dass die von Macht Betroffenen eine eventuell bestehende Abhängigkeit nicht wahrnehmen, obwohl dies von Seiten des Mächtigen so gewollt und von Seiten Dritter beobachtet wird. Zudem besteht ebenfalls die Möglichkeit, dass Machtbeziehungen von Dritten wahrgenommen werden, die die beiden daran Beteiligten nicht wahrnehmen. Konstruktivistisch betrachtet, ist physische Macht die Chance, einen Organismus zwangsweise an Reaktionen zu hindern, ihn an einen anderen Ort zu bringen oder ihn funktional und physikalisch zu beeinträchtigen. Dies kann in einigen Fällen durch Gewaltanwendung geschehen, geschieht jedoch oftmals unmerklich für den von Macht Betroffenen und somit ohne Widerstand.

Zudem existiert eine weitere Machtform neben dieser physischen Macht, die man als Provokationsmacht bezeichnen kann. Diese entsteht durch Irritationen, bei der nicht die strukturelle Reaktion des beeinflussten Systems determinativ ist, sondern die Gewissheit einer Provokation. Diese Provokationsmacht beruht allgemein auf der Grundlage von Kommunikation zwischen Lebewesen und kann in Form der vorhin beschriebenen ökonomischen oder instrumentellen sowie affektiven oder organisatorischen Macht auftreten. Innerhalb dieser kommt es zu wechselseitigen Verschränkungen der Erwartungshorizonte zwischen den beiden Interaktionspartnern. Hinsichtlich der ökonomischen Macht bedeutet dies nichts anderes, als dass bei dem hier angestrebten Tauschprozess bestimmte Erwartungen betreffend den Austausch von Ressourcen durch Drohungen oder in Aussicht gestellte Belohnungen manipuliert werden.

Die organisatorische Macht wird dadurch provokativ, dass sie die Teilhabe der von Macht Betroffenen an der Kommunikation mit dem Interaktionspartner von der Bedingung abhängig macht, dass diese sich den dortigen Regeln und Zuständigkeiten unterwerfen. (vgl.: ebd.: S. 44-46)

Bezieht man dies auf die aktuelle Situation der Sozialen Arbeit, so wird deutlich, dass Verwaltungen auf freie Träger genau diese Macht ausüben, indem sie ihnen bestimmte Bedingungen aufzwingen, die dafür Voraussetzung sind, um mit ihnen zu kommunizieren. Dies können finanzielle Kürzungen oder aber auch die Aussicht auf weitere Aufträge bei entsprechenden Angeboten sein. Das bedeutet, dass Verwaltung in jedem Fall sowohl ökonomische als auch organisatorische Macht in Form von Provokationsmacht ausübt. Die Frage ist, ob sich die, die an diesem Machtphänomen beteiligt sind, überhaupt darüber bewusst sind, dass es sich hierbei um die Ausübung von Macht handelt. Während ich bei der Verwaltung dies bejahen würde, da diese sich dessen bewusst ist, dass sie oftmals der einzige Kunde der freien Träger ist, würde ich das bei der Mehrzahl der freien Träger verneinen. Diese befinden sich meiner Ansicht nach in der von Bateson beschriebenen selbstverordneten Hilflosigkeit und ertragen oftmals lediglich die Auswirkungen von Macht.

Nimmt man diese konstruktivistische Haltung ein, so kann man feststellen, dass Macht allein dadurch entsteht, dass man über sie redet. Das bedeutet, dass sie einmal artikuliert werden muss, um Wirkung zu zeigen. Diese Wirkung besteht darin, die bestehenden Machtverhältnisse, die Abhängigkeiten und Machtquellen zu analysieren, um so die Legitimation von Geben und Nehmen unter einem Gerechtigkeitsaspekt zu betrachten. In diese Betrachtung sollte dabei auch die Entstehungsgeschichte der Machtverhältnisse mit einfließen. Die Bilanz dieser Analyse könnte dann dazu führen, dass man zu dem Entschluss kommt, die Machtverhältnisse neu zu ordnen. (vgl.: ebd.: S. 49-53) Eine Chance für die Neuordnung von Machtverhältnissen besteht dabei darin, dass diese oftmals labiler sind, als angenommen wird, da Macht selten so einseitig verteilt ist, dass nur ein an der Interaktion beteiligter Partner etwas zu bieten hat und somit willkürlich handeln kann. Meist bestehen zwischen den Interaktionspartnern wechselseitige Abhängigkeiten, die eine Neuordnung begünstigen. (vgl.: ebd.: S. 61-62) Bezieht man diesen Gedanken wiederum auf die Jugendhilfe und mein Arbeitsfeld der Familienhilfe, so stellt man auch hier schnell fest, dass nicht nur die öffentliche Hand diejenige ist, die etwas zu bieten hat. Zwar ist sie der Auftrag- und Geldgeber, benötigt aber infolge der beschriebenen Ökonomisierung und Privatisierung der Jugendhilfe die freien Träger, um die Aufträge auszuführen. Somit ist das aktuelle System der Jugendhilfe ohne freie Träger nicht mehr denkbar, da diese die Arbeit machen, die von der öffentlichen Hand ausgelagert wurde. Mir ist es wichtig zu betonen, dass dies ein wesentlicher Machtfaktor ist, über den sich viele Träger nicht wirklich im Klaren sind und der dadurch nicht artikuliert wird. Würde er aber artikuliert werden, was in dieser Arbeit geschieht, könnte das dazu führen, dass die aktuellen Machtverhältnisse überprüft und eventuell verändert werden. Dementsprechend werde ich auch im folgenden Kapitel versuchen darzustellen, warum wir als Sozialarbeiter mächtig sind. Wenn uns dies bewusst wird und wir uns aus der von Bateson beschriebenen selbstverantworteten Hilflosigkeit begeben, besteht die wirkliche Chance, etwas zu unseren Gunsten zu ändern. Dies muss nicht zwingend über die Ausübung von physischer Macht geschehen. Vielmehr reicht schon die Anwendung von Provokationsmacht, beispielsweise hinsichtlich der Androhung, bestimmte Arbeiten bei gleichbleibender schlechter Bezahlung nicht mehr auszuführen. Diese Erkenntnis allein ist jedoch nicht ausreichend, wenn sie von einer Hand voll freier Träger durchgeführt wird. Vielmehr kann der Gedanke, über diese Provokationsmacht zu verfügen, nur ein Startschuss sein, in dessen Folge die von Alinsky beschriebene Organisation von Macht erfolgen muss, um eine kritische Masse zu schaffen, die sich ihrer Macht bewusst ist und die dies artikuliert, um eine Veränderung anzustreben. Die Artikulation der Macht ist wiederum der Punkt, an dem diese nach Kleve politisch wird. Wenn diese Macht der Sozialarbeiter den Punkt des Politischen erreicht hat, bestehen die besten Möglichkeiten, etwas zu Gunsten der Sozialen Arbeit zu verändern. Wichtig ist demnach zuallererst, dass sich Sozialarbeiter ihrer Macht bewusst werden und aus der Hilflosigkeit herausbewegen. Da dies nur möglich ist, indem man klar benennt und erkennt, dass man mächtig ist beziehungsweise dass der Interaktionspartner einem die Fähigkeit, Macht auszuüben, zuschreibt (vgl.: Kleve 2007, S. 228- 229), werde ich im nächsten Abschnitt versuchen, Sozialarbeitern zu verdeutlichen, dass sie über Aufgaben und Funktionen verfügen, die dafür sorgen, dass ihnen von Beobachtern durchaus Macht zugeschrieben wird und die sie somit mächtig werden lassen.

2.2 Das macht uns mächtig

Kleve, der betont, dass Macht keine Fähigkeit ist, sondern das Produkt einer Beschreibung, verweist auf einen zentralen Punkt, der heute als Aufgabe der sozialen Arbeit angesehen wird. Demnach wird ihr attestiert, über die Fähigkeit zu verfügen, Personen, die gesellschaftlich als nicht normal angesehen werden, wieder einzugliedern und die Konformität wiederherzustellen. Seiner Meinung nach ist dies jedoch nicht möglich, da heute nur schwer zuzuordnen ist, wer von der Norm abweicht beziehungsweise wer dieser entspricht. Somit entstehen auf Seiten der Sozialarbeiter Unsicherheiten, zu denen noch hinzukommt, dass der Professionelle selbst nicht die Ziele erreichen kann, sondern den Klienten nur anregen kann, diese zu erreichen. Das hat zur Folge, dass sich beim Helfer eine gewisse Ohnmacht breitmacht, die dazu führt, dass sich dieser seiner zugeschriebenen Macht nicht bewusst ist. Aus der Perspektive eines unabhängigen Beobachters heraus wird dem Sozialarbeiter aber allein schon aufgrund seiner Arbeit mit dem Klienten Macht zugeschrieben, indem man die Lösung eines sozialen Problems in dessen Hände legt. Hinzu kommt, dass auch der Klient selbst dem Helfer eine Definitionsmacht zugesteht, indem er ihm vertraut, dass er klar benennen kann, was das Problem ist. (vgl.: ebd.: S. 230-233) Zum anderen wird ihm eine Expertenmacht von Seiten der Klienten zugeschrieben. (vgl.: Krieger 2007, S. 29) Diese Expertenmacht führt dazu, dass Sozialarbeiter dem Klienten gegenüber über eine Deutungs-, Definitions- und Entscheidungsmacht verfügen. Diese drei Machtzuschreibungen entstehen dadurch, dass ein Helfer eine Hilfebeziehung aufbaut, indem er diese als Fall bezeichnet. Diese Deutung und Definition, dass es sich bei der Beziehung um einen Fall handelt, hat zur Folge, dass ein Handeln ausgelöst wird oder nicht. Hierin besteht eine weitere Macht der sozialen Arbeit, die entscheiden kann, die Hilfe zu verweigern oder aber dort einen Hilfebedarf zu sehen, wo die Betroffenen keinen sehen. Dies entspricht der Entscheidungsmacht, da der Sozialarbeiter darüber entscheidet, ob Hilfebedarf beim Klienten zu erkennen ist oder nicht. Hieraus erwächst auch ein gewisses Drohpotenzial, was daraus entsteht, dass man Leistungen entweder verweigert oder gewährt. (vgl.: Dallmann 2007, S. 157) Neben diesen Zuschreibungen von Seiten der Klienten, die den Sozialarbeiter sehr mächtig erscheinen lassen, gibt es auch gesellschaftlich bestimmte Aufgaben und Funktionen der Sozialen Arbeit, die dazu führen, dass sie über eine zugeschriebene Macht verfügt.

Soziale Arbeit ist in Deutschland staatlich geprägtes Handeln, welches in die föderalen Strukturen eingebunden ist und welches arbeitsteilig von staatlichen und freien Trägern bearbeitet wird. Somit ist soziale Arbeit institutionalisiert und in machtvolle Strukturen eingebunden. Die Profession und deren Bezug zur Sozialgerechtigkeit sind zudem im Sozialstaatsprinzip fest verankert, welches Teilhabe und demokratische Prozesse sowie die Sicherung von Grundbedürfnissen regelt. Da neben diesen gesetzlichen Grundlagen soziale Arbeit auch in verschiedenen gesellschaftlichen Systemen eingebunden ist, wird ihr von Seiten der staatlichen Struktur in jedem Fall Macht zugeschrieben. (vgl.: Hosemann 2007, S. 289-301). Soziale Arbeit hat somit innerhalb der Gesellschaft eine Brückenfunktion inne. Das bedeutet, dass sie die Erwartungen der Gesellschaft an die Menschen heranführt und versucht, dafür Sorge zu tragen, dass diese diese auch erfüllen. Hierfür soll die Profession Menschen so erziehen, dass diese im aktuellen System funktionieren und für dieses nützlich sind. Das bedeutet, Sozialarbeiter sollen dafür Sorge tragen, dass Grundhaltungen und Eigenschaften, die in das aktuelle System passen, reproduziert werden. Allein der Sachverhalt, dass der Sozialen Arbeit zugetraut wird, dieses Ziel zu erreichen, zeigt, welche Macht ihr von Seiten der Politik und der Öffentlichkeit zugeschrieben wird. Dazu kommt der Auftrag, die Menschen zu befähigen, sich in die Arbeitsgesellschaft einzugliedern, und sie dabei zu unterstützen, hierfür nötige Schulabschlüsse zu erreichen. Das bedeutet nichts anderes, als dass ihr die Macht zugeschrieben wird, das Wirtschaftssystem aufrechtzuerhalten und somit dafür zu sorgen, dass unsere Wohlstandsgesellschaft erhalten bleibt. Hierzu passt auch, dass Sozialarbeiter, wie Kleve bereits betonte, den Auftrag haben, Verhalten, welches von der gesellschaftlichen Norm abweicht und von dem eine Bedrohung für die Gesellschaft ausgeht, abzustellen und in eine positive Richtung zu entwickeln. Weiterhin schreiben nicht wenige den in der sozialen Arbeit Beschäftigten die Macht zu, das Wohl von Minderjährigen zu sichern und diese bei ihrer Entwicklung zu unterstützen. Ebenso spricht man ihnen die Fähigkeit zu, Menschen, die ohne Hilfe scheitern würden, zu unterstützen und deren Leben einen neuen Sinn zu geben. (vgl.: Seithe 2012, S. 70-74) Diese eine Seite der Brücke zeigt, welches Zutrauen, aber auch welche Erwartungen der Staat und die Öffentlichkeit an die soziale Arbeit haben. Dies erklärt in meinen Augen auch den öffentlichen Aufschrei, wenn diese Erwartungen nicht erfüllt werden und beispielsweise ein Kind verhungert, Arbeitsmarktzahlen nicht stimmen oder wieder mal ein Projekt nicht den erhofften Erfolg gebracht hat. Während nun also auf der einen Seite des Tals diese Erwartungen stehen und nun von der sozialen Arbeit an die andere Seite, sprich an die Menschen gebracht werden müssen, haben natürlich auch diese bestimmte Erwartungen an die soziale Arbeit. Hierzu zählt vor allem, dass die Bedürfnis- und Problemlagen des Einzelnen an das System herangetragen werden sollen. Auf diesem Weg soll versucht werden, das politische System und auch die Gesellschaft für diese Themen aufzuschließen. Das bedeutet, dass von der Profession erwartet wird, dass sie zwischen Lebenswelt und System vermittelt und hierfür mit den Menschen im System und in Politik und Verwaltung kommuniziert. (vgl.: ebd.: S. 71)

Soziale Arbeit ist somit die integrierende Intervention der Sozialpolitik, die immer da einsetzt, wo diese versagt. Da dies in der heutigen, immer ausdifferenzierteren Gesellschaft leider immer häufiger vorkommt, führt das dazu, dass die Profession nur noch mächtiger wird. Die Macht gründet hierbei auf dem Fakt, dass sie immer öfter in allen Gesellschaftsschichten eingreifen muss, um Leuten zu helfen, ihr Leben zu bewältigen. Ohne diese Eingriffe wäre gegebenenfalls die gesellschaftliche Ordnung, ähnlich wie zu Zeiten des Frühkapitalismus, gefährdet. In Zeiten, in denen Transferleistungen oftmals nicht mehr ausreichen, viele Familien zerrissen sind und die Gesellschaft immer komplexer wird, werden immer häufiger sozialpädagogische Eingriffe nötig beziehungsweise mittlerweile sogar zur Normalität. (vgl.: Schöning 2013, S. 32-36) Soziale Arbeit wird so unabdingbar für den Erfolg sozialpolitischen Handelns. Ihr Vorhandensein ist nötig, um die gesellschaftlichen Modernisierungsprozesse, in Folge derer sich viele abgehängt fühlen, abzufedern. (vgl.: ebd.: S. 39)

Das bedeutet, soziale Arbeit verfügt sowohl auf der individuellen Klientenebene als auch auf der strukturellen, institutionellen Ebene über Macht. Problematisch ist lediglich, dass viele Sozialarbeiter die eine, auf den Klienten bezogene, nicht wirklich annehmen wollen, da der Begriff so negativ besetzt ist, und die andere, institutionelle nicht wahrnehmen, da sie sich oftmals in die beschriebene selbstverantwortete Hilflosigkeit begeben. Dass aber Macht auf beiden Ebenen vor-

handen ist und soziale Arbeit sogar eine Brückenfunktion zwischen diesen inne-
hat, habe ich versucht, in diesem Kapitel darzulegen. Diese Macht ergibt sich
ebenso aus einer Professionalität, die die soziale Arbeit kennzeichnet und die
ebenfalls oftmals von Sozialarbeitern nicht erkannt oder vertreten wird. Dementsprechend werde ich nun im folgenden Kapitel darstellen, dass soziale Arbeit
aufgrund der ihr zugeschriebenen Macht und der damit einhergehenden Arbeitsweise professionell ist und einen Vergleich mit anderen, „richtigen" Professionen wie Medizin nicht scheuen muss.

2.3 Wir sind professionell

Trotz der zugeschriebenen Macht von außen haben Sozialarbeiter oftmals Probleme, ihre eigene Arbeit so zu beschreiben, dass es für Außenstehende zum einen selbstbewusst und zum anderen professionell klingt. Viele würden sicherlich
auf die Frage „Und was machst du so als Sozialarbeiter?" antworten: „Was mit
Menschen", „Ich spiel mit den Kindern" oder „Ich begleite die Leute zum Job-
center". All dies trägt zu dem im ersten Kapitel beschriebenen schlechten Bild in
der Öffentlichkeit bei, obwohl nichts Falsches an den Aussagen zu finden ist.
Vielmehr ist es schwer zu beschreiben, was soziale Arbeit macht, da es keinen
exklusiven Zuständigkeitsbereich wie bei einem Ingenieur oder einem Arzt gibt.

Die Profession zeichnet sich vielmehr dadurch aus, dass sie ganzheitlich, offen
und allzuständig agiert. Das bedeutet, dass alles, was das alltägliche Leben betrifft, Gegenstand von sozialpädagogischen Interventionen werden kann. Somit
verfügt soziale Arbeit nicht über ein Monopol in einem bestimmten Arbeitsge-
biet und ist auch kein Spezialist in bestimmten Bereichen. Vielmehr ist es eine
Profession, die gemeinsam mit den Klienten in deren Alltag agiert. Ob dies in
der Schule, in der Familie oder im Stadtteil passiert, ist abhängig von den jeweiligen Problemlagen. Alles, was die Klienten bewegt und ihnen bei ihrer Lebens-
bewältigung hilft, kann Thema für den Sozialarbeiter werden. Dass hierbei professionelle Gespräche geführt werden und dass allein der Lebenswelt- und Alltagsbezug schon ein wesentliches Merkmal der Profession ist, wird nach außen
hin kaum sichtbar und führt zu dem beschriebenen Zerrbild. (vgl.: Seithe 2012,
S. 48- 51)

Der eben beschriebene Lebenswelt- und Alltagsbezug führt dazu, dass man soziale Arbeit trotz der aktuellen Entwicklung, die genau dies verlangt, schwer
standardisieren kann. Die Handlungen sowie die Methoden, die ein Sozialarbeiter innerhalb seines Termins anwenden möchte, sind schwer vorauszusagen, da
diese auf die entsprechenden Problemlagen des Klienten ausgerichtet sind. Hier-

durch ist es schwierig, routinierte und lang erprobte Verfahren anzuwenden, die immer wirken und immer helfen. Diesem Gedanken steht das Konzept der Autopoiese entgegen, welches kurzgesagt davon ausgeht, dass jeder Klient die Anregungen, die von außen kommen, nach seinen eigenen Erfahrungen und Vorstellungen verarbeitet. Somit kann man nicht von immer derselben Reaktion auf ein und dieselbe Methode ausgehen, was die Arbeit des Sozialarbeiters erschwert und er somit immer wieder neu reagieren beziehungsweise agieren muss. Neben diesem völlig offenen Gesprächs- und Arbeitskontext muss der Sozialarbeiter jedoch auch theoretisches und empirisches Erfahrungswissen im Einzelfall einsetzen, um eine Krise zu bewältigen. Genau diese Krisen, in denen sich Klienten oftmals befinden, wenn sie in Kontakt mit sozialer Arbeit stehen, führen zu einem weiteren Merkmal, welches die Profession ausmacht (vgl.: ebd.: S. 55).

Dieses Merkmal lässt sich mit dem Wort Handlungszwang gut beschreiben. Dieser bezieht sich auf die Fähigkeit eines Sozialarbeiters, unter Zeitdruck die richtige Entscheidung treffen zu müssen, da ein falsches oder gar kein Handeln verheerende Folgen haben kann. Daneben ist es, wie oben beschrieben, permanent nötig, situativ zu handeln und dies dann später fachlich zu reflektieren. Die getroffenen Handlungen müssen zudem nicht nur fachlich reflektiert, sondern auch begründet werden. Dies ist besonders bei falschen Entscheidungen von großer Bedeutung. Hierbei müssen die Gründe für die gewählten Lösungsstrategien sowie für das methodisch-inhaltliche Vorgehen klar benannt werden. Das fachliche Begründen von getroffenen Entscheidungen ist ein weiteres Merkmal für das professionelle Agieren sozialer Arbeit und grenzt die Fachkraft auch ganz klar von dem „Laien" ab, der in sozialer Arbeit das, überspitzt gesagt, Problemlösen durch Kaffeetrinken sieht und der somit nicht zu dieser fachlichen Begründung fähig ist. Der Sozialarbeiter ist aufgrund seiner Ausbildung und seines Wissens der Experte, der dazu in der Lage ist, Hypothesen aufzustellen, welche Ursprünge bestimmte Probleme haben, welche Subsysteme dieses Problem berührt, und der daraus schließt, was getan werden kann, um dieses Problem zu beseitigen. Der Sozialarbeiter ist hier der Experte des Dialogs, der versucht zu motivieren, zu ermutigen und zu bestärken, der aber auch die Klienten klar und deutlich mit bestimmten Dingen konfrontiert, die ihnen unangenehm sein können. Bei all diesen Schritten und Handlungen arbeitet der Sozialarbeiter zumeist autonom und verantwortet somit das Vorgehen zumeist allein. (vgl.: ebd.: S. 55-57) Aus den eben angeführten Merkmalen der Profession möchte ich nun noch einmal auf das der Ganzheitlichkeit eingehen. Der Begriff bezieht sich

hierbei darauf, dass, um sozialpädagogische Interventionen durchzuführen, analytische und diagnostische Fähigkeiten nötig sind, um eine entsprechende Methode zu wählen. Daneben ist es wichtig, bei der Problembewältigung Prioritäten zu setzen. All dies erfolgt dann, wie beschrieben, im Alltag des Klienten,
wodurch die Ganzheitlichkeit sozialer Arbeit, meiner Meinung nach, den Alltagsbezug mit einbezieht. Daneben schließt der Begriff auch das autonome und
selbstverantwortliche Vorgehen des Sozialarbeiters mit ein, da ganzheitlich auch
bedeutet, dass die Hilfe durch eine Fachkraft geplant, vermittelt, koordiniert und
ausgewertet wird. Das bedeutet auch, dass die Fachkraft für das Fallmanagement
und die gegebenenfalls nötige Vermittlung an andere Organisationen zuständig
ist. Hierfür sind gewisse Planungs-, Organisations-, Steuerungs- und Evaluierungskompetenzen nötig, die nur durch eine akademische Aus- oder Weiterbildung erworben werden können und die ganz klar nicht von „Laien" ausgeübt
werden. (vgl.: Heiner 2007, S. 530-531) Somit kann man also konstatieren, das
vier Aufgabentypen für den ganzheitlich vermittelnden Ansatz sozialer Arbeit
charakteristisch sind. Der erste bezieht sich hierbei auf die direkte Klientenarbeit. Hiermit ist die Begleitung und Unterstützung des Klienten in seinem Umfeld gemeint. Der zweite Aufgabentyp umfasst die indirekte Klientenarbeit und
bedeutet, dass der Sozialarbeiter durchaus die Aufgabe hat, dem Klienten Leistungen zu beschaffen und Aktivitäten gegenüber dem Leistungssystem zu entwickeln. Daneben gibt es die direkte und indirekte Organisationsarbeit. Während bei der direkten Organisationsarbeit der Klient dabei unterstützt wird, sich
gegen das Leistungssystem durchzusetzen, besteht die indirekte Arbeit darin,
fallübergreifend eine Verbesserung des Leistungssystem anzustreben. (vgl.:
ebd.: S. 518-519)

Betrachtet man diese Punkte, kommt man nicht umhin festzustellen, dass die
zugeschriebene Macht nicht aus der Luft gegriffen ist, sondern dass soziale Arbeit professionell ist und professionell arbeitet. Die Professionalität zeichnet sich
hierbei besonders durch die Ganzheitlichkeit sozialer Arbeit aus, die wiederum
durch weitere Merkmale wie Allzuständigkeit, Offenheit, Lebenswelt- und Alltagsbezug, Handlungszwang und Begründungspflicht gekennzeichnet ist. Ähnlich wie bei der Macht fällt es aber auch bei den Merkmalen des professionellen
Handelns den in der sozialen Arbeit Tätigen schwer, sich selbst einzugestehen,
dass man professionell agiert. Meine These ist, wie mehrfach beschrieben, dass
dies mit dem skizzierten Bild der Öffentlichkeit und dem ebenfalls beschriebenen „Sozialcharakter" zusammenhängt. Anzuerkennen, dass man Macht hat und
dass man professionell handelt, ist jedoch einer der wichtigsten Punkte hinsicht-

lich des nun folgenden Kapitels, in dem es darum gehen wird, sich zu wehren. Um in den Zustand des Wehrens zu kommen und zu begreifen, dass es Sinn macht, sich zu wehren, sind meiner Ansicht nach drei wichtige Voraussetzungen nötig. Neben der Anerkennung der eigenen Macht, die allein aus Zuschreibungen heraus resultiert, und der eigenen Professionalität ist es als weiterer Punkt wichtig zu erkennen, dass man unterdrückt wird. Wenn diese Erkenntnis erlangt wurde, kann man zum Wehren übergeben.

3 Wehren wir uns!

In diesem abschließenden Kapitel der Arbeit werde ich versuchen darzustellen, wie die eben beschriebene Macht und Professionalität dafür genutzt werden können, sich zu wehren und die im ersten Kapitel beschriebenen Gründe des Jammerns zu beseitigen. Hierzu werde ich zuerst darlegen, dass die soziale Arbeit trotz der zugeschriebenen Macht heute oftmals unterdrückt wird und dass nur die Erkenntnis darüber, dass dies der Fall ist, überhaupt dazu führen kann, sich zu wehren. Allein die Feststellung, dass man über Macht und Professionalität verfügt, reicht noch nicht dafür aus, aktiv zu werden und sich zu wehren. Vielmehr muss man die Gründe des Jammerns als eine Form der Unterdrückung ansehen und erkennen und sie nicht als Normalität hinnehmen. Somit geht dem Wehren ein Dreiklang voraus, der daraus besteht, die schlechten Arbeitsbedingungen in der sozialen Arbeit als Unterdrückung anzusehen, die nur durch die Anerkennung der eigenen Macht und Professionalität zu beseitigen ist. Dementsprechend werde ich nun, bevor ich auf verschiedene Ideen hinsichtlich des Wehrens zu sprechen komme, skizzieren, was Unterdrückung bedeutet und wie diese sich in der sozialen Arbeit darstellt. Bezeichnend für die Profession ist hier wieder mal, dass ich zwar Literatur zu diesem Thema gefunden habe, welche im Titel soziale Arbeit und Unterdrückung zusammenbringt, welche jedoch wiederum lediglich vom unterdrückten Klienten und nicht vom unterdrückten Sozialarbeiter ausgeht. Die dort beschriebenen Formen der Unterdrückung lassen sich aber wunderbar auf den aktuellen Zustand der sozialen Arbeit anwenden, was ich im Folgenden auch getan habe.

3.1 Wir werden unterdrückt!

Im Sinne der Anerkennung der eigenen Unterdrückung könnte man den für die soziale Arbeit gültigen „Code of Ethics" sehr gut umdeuten und auf die Profession selbst beziehen. Dieser verlangt von den Sozialarbeitern, soziale Ungerechtigkeiten zu bekämpfen und sich präventiv gegen Unterdrückung, Ausbeutung und Diskriminierung von Personen oder Gruppen, die auf beispielsweise politischen Überzeugungen beruhen, vorzugehen. (vgl.: Gil 2006, S. 29) Nimmt man dies wörtlich, so kann man hieraus eine Aufforderung an die Sozialarbeiter lesen, sich gegen die eigene Unterdrückung und Ausbeutung durch die neuen Steuerungsmodelle zur Wehr zu setzen. Die Feststellung der eigenen Unterdrückung wäre somit ein wichtiger Schritt, um sich gegen eben diese zu wehren.

Ein Hauptproblem besteht jedoch darin, dass Unterdrückung sich lange aufrechterhalten lässt, wenn sich Leute dieser nicht bewusst sind. Somit lassen sich

Herrschaft und Ausbeutung sehr gut verwirklichen, wenn diese als normal empfunden werden. (vgl.: ebd.: S. 29) Niemand stellt in meinem Arbeitsfeld heute beispielsweise die bestehenden Verhältnisse in Frage. Von allen Trägern wird die immense Dokumentation und die minutengenaue Abrechnung als normal angesehen. Viele begrüßen dies sogar, da sie der Meinung sind, dass die Profession somit berechenbarer und seriöser wird. Dass diese Modelle der Abrechnung jedoch dazu dienen, die Kosten der öffentlichen Hand zu Lasten der Träger zu senken, wird von kaum einem freien Träger und von nur wenigen Fachkräften überhaupt kritisiert. Das bedeutet, die Ausbeutung und somit Unterdrückung der freien Träger und der in ihnen Beschäftigten wird als normal angesehen, wodurch es natürlich schwer fällt, sich dagegen zur Wehr zu setzen. Diese als normal empfundene Unterdrückung ist geprägt durch Herrschaft und Ausbeutung und kann ökonomisch und psychologisch erfolgen. (vgl.: ebd.: S. 30). Bezieht man dieses Kennzeichen auf das Verhältnis von freien Trägern und Jugendamt, so kann ich für meinen beruflichen Kontext feststellen, dass die Unterdrückung hier beide Dimensionen umfasst. Hinsichtlich der ökonomischen Dimension werden die Träger durch zu geringe Bezahlung und minutengenaue Abrechnungen unterdrückt. Psychologisch wiederum existiert ein massives Abhängigkeitsverhältnis, welches ebenfalls zu Lasten der Träger geht und was dadurch gekennzeichnet ist, dass das Jugendamt beispielsweise die Fallzuwendungen aus verschiedenen Motivlagen heraus drosselt und der Träger somit in eine Krise gestürzt wird, da er nicht mehr weiß, wie er seine Angestellten bezahlen soll. Hieran wird deutlich, dass beide Dimensionen von Unterdrückung auch sehr nah beieinander sein können. Daneben zeichnet sich Unterdrückung auch dadurch aus, dass Ungerechtigkeiten den Beherrschten aufgezwungen werden und dass die Herrschaft auf eine Ausbeutung der Beherrschten abzielt. (vgl.: ebd.: S. 30- 31) Auch diese Punkte sind meiner Ansicht nach im aktuellen System sozialer Arbeit definitiv gegeben. So müssen die freien Träger meist mit gekürzten Stundensätzen leben, die dazu führen, dass die Träger ärmer werden und die öffentliche Hand spart. Die freien Träger haben oftmals keine Möglichkeit, sich gegen die Kürzungen zu wehren, da, wenn einer dagegen vorgeht, drei andere bereitstehen, die seine Arbeit übernehmen. Somit kann man meiner Meinung nach von einem Aufzwingen von Ungerechtigkeiten sprechen. Prägend für Unterdrückung ist zudem, dass die an der Unterdrückung Beteiligten oftmals anerkennen, dass die Unterdrückung mit Recht und Ordnung des jeweiligen Systems kompatibel ist. Dies erschwert das Erkennen von Unterdrückungspraktiken und verfestigt sie somit. Zudem kann Unterdrückung nicht nur einseitig erfolgen, vielmehr können Unterdrückte auf anderer Seite selbst Unterdrücker sein, was in meinen Augen durchaus auch auf die soziale Arbeit bezogen werden kann, da einige Sozialarbeiter sicherlich mit ihrer Arbeitsweise auch Klienten unterdrücken. Gil geht so weit, dass er feststellt, dass die Beziehungen in Gesellschaften, in denen Unterdrückung institutionalisiert ist, von Ungerechtigkeiten geprägt sind. (vgl.: ebd.: S. 30-31) Bezogen auf unser aktuelles politisches System könnte man diese Feststellung überspitzt sogar gelten lassen, da in meinen Augen auch die Beziehungen in unserem gesellschaftlichen System von Ungerechtigkeiten geprägt sind, die sich durch alle Gesellschaftsschichten ziehen. Da dies aber wie beschrieben als normal und mit Recht und Ordnung kompatibel angesehen wird, wird die Unterdrückung nicht erkannt und ein Prozess des Wehrens nicht in Gang gesetzt. Hierzu kommt ein weiteres Problem, welches darin besteht, dass neben der Sichtbarmachung der Unterdrückung und der Prozesse, die die existierende Ordnung aufrechterhalten und reproduzieren, bei jedem Einzelnen auch ein Bewusstsein entwickelt werden muss, mit dem die Menschen sich selbst, ihre natürliche und soziale Umwelt wahrnehmen und reflektieren. Dieses bildet sich jedoch nur durch eine aktive Auseinandersetzung mit der eigenen Umwelt, welche nun aber wiederum durch die Sozialisation stark beeinflusst wird. Bei dieser Sozialisation werden oftmals die Werte der Herrschenden indoktriniert und somit von den Beherrschten anerkannt, obwohl sie nur den Beherrschten dienen. Dies erschwert die Ausbildung eines kritischen Bewusstseins und erschwert somit nochmals die Feststellung, dass man unterdrückt wird. (vgl.: ebd.: S. 63-71) Die Herausbildung eines solchen kritischen Bewusstseins, zu dem in meinen Augen auch das Bewusstwerden der eigenen Macht und Professionalität sowie die Feststellung der eigenen Unterdrückung gehört, ist somit die Voraussetzung für das Wehren und somit die Vorbedingung jeglicher gesellschaftlicher Veränderung. (vgl.: ebd.: S. 75)

3.2. Schaffen wir ein kritisches Bewusstsein!

Das kritische Bewusstsein, welches, wie beschrieben, das Erkennen der eigenen Macht, der eigenen Professionalität und der eigenen Unterdrückung beinhaltet, ist der bedeutendste Schritt auf dem Weg zu gesellschaftlichen Transformationsprozessen. Wie aber schafft man es, dass in einer breiten Schicht und Gruppe von Menschen dieses Bewusstsein ausgeprägt wird?

Hierfür muss man bedenken, dass soziale Realität immer in der Folge menschlicher Handlungen, Gedanken und sozialer Beziehungen erzeugt wird. Somit kann eine Strategie zur Verbreitung eines kritischen Bewusstseins darin bestehen, im alltäglichen Leben politische Diskurse anzuregen. Dies kann am Arbeitsplatz aber auch in der Freizeit geschehen. Innerhalb dieser Interaktionen mit Kollegen oder Freunden besteht durchaus die Möglichkeit, die bestehende Ordnung zu kritisieren, sprich kritische Fragen zu stellen und so Menschen zur Reflexion der aktuellen politischen, ökonomischen oder sozialen Bedingungen zu bewegen. Hierbei sollte man selbst seine eigene Meinung und Haltung nicht leugnen und Alternativen offensiv vertreten. Wichtig ist es aber, sein Einfühlungsvermögen dem Gesprächspartner gegenüber nicht zu vernachlässigen, da dieser sich sonst verschreckt zurückziehen könnte. Auch sollte man tolerant für andere Meinungen sein, was wiederum dazu führt, dass zur Verbreitung eines kritischen Bewusstseins eine hohe Frustrationstoleranz nötig ist, da man viele Menschen oftmals nicht von seinen Ideen überzeugen kann. Somit ist es notwendig, Unterstützungsnetzwerke zu bilden. (vgl. ebd.: S. 76-81) Diese Netzwerke sind auch nötig, damit die Schaffung eines kritischen Bewusstseins über kleine, spontane Aktionen hinausgeht. Diese Netzwerke und Bewegungen führen dazu, dass das kritische Bewusstsein sich zum einen verbreitet und zum anderen lange am Leben bleibt. (vgl.: ebd.: S. 60)

Das bedeutet nichts anderes, als dass ein kritisches Bewusstsein nur dann erzeugt und erhalten werden kann, wenn Einzelne aktiv werden und sich mit anderen, ähnlich Denkenden organisieren, um gemeinsam gesellschaftliche Transformationsprozesse in Gang zu setzen. Demnach wird es im folgenden Kapitel darum gehen, sich zu organisieren, da dies eine wesentliche Form dafür ist, das kritische Bewusstsein zu verbreiten und sich gegen die gesellschaftlichen Bedingungen einzusetzen und zu wehren.

3.3 Organisieren wir uns!

Für dieses Kapitel bilden die Schriften von Saul Alinsky eine sehr gute Vorlage. Dessen Ideen zur Bildung von Organisationen in Stadtteilen lassen sich sehr gut auf die Organisation von Sozialarbeitern in beispielsweise Städten übertragen. Sein Bürgerprogramm lässt sich demnach wunderbar auf die Vereinigung von Beschäftigten der sozialen Arbeit in einer Stadt übertragen.

Nach Alinsky besteht ein solches Programm zuvorderst aus Ansichten, Prinzipien und ähnlichem, auf die sich eine Gruppe von Personen einigen kann. Durch diese Einigung und Gründung einer Organisation entsteht Macht, die wiederum hilfreich bei der Durchsetzung des Programms ist. Somit befruchten sich die Aufstellung eines Programms und die Gründung einer Organisation gegenseitig, da das eine nicht ohne das andere denkbar ist. Auf die soziale Arbeit übertragen, könnten solche Ansichten und Prinzipien gerade hinsichtlich der aktuellen Entwicklung darin bestehen, dass man sich gegen die weitere Ausbeutung von Sozialarbeitern einsetzt, einen fairen Wettbewerb von der entsprechenden Behörde verlangt und eventuell alle Träger nach dem gleichen Stundensatz bezahlt. In meinen Augen könnten sich diesbezüglich viele Träger und auch Sozialarbeiter einigen und sich zu einer trägerübergreifenden Organisation zusammenschließen, die diese Forderungen dann auch versucht umzusetzen. Macht wäre allein schon aufgrund der Tatsache gegeben, dass sich der Großteil der Träger organisiert und die öffentliche Hand einen wirkungsvollen Gegner hat. Alinsky betont, dass die Entwicklung dieses Programms und auch dessen Umsetzung nur durch die Organisation möglich ist. Zudem ist es von großer Bedeutung, dass Inhalte des Programms von den Beteiligten selbst erarbeitet werden, da nur so deren Interessen am besten vertreten werden und sie sich damit identifizieren. (vgl.: Alinsky 1999, S. 67-68)

Die Organisation, die dafür sorgt, dass das Programm entwickelt wird, benötigt Führungspersönlichkeiten, die ausfindig gemacht werden müssen und die aus den Reihen der sich Vereinenden stammen sollten, da so ihre Akzeptanz gewährleistet ist. Diese ziehen die Fäden und vernetzen. Dies könnte man, bezogen auf die soziale Arbeit, so verstehen, dass für den Aufbau von Vereinigungen und den Zusammenschluss verschiedener Träger unbedingt Leute gefunden werden müssen, die zum einen aus den Reihen der Sozialarbeiter stammen und zum anderen auch das Potenzial haben, diese Aufgaben zu übernehmen. Hinsichtlich der Vernetzung und der Bildung der Organisation ist es von wesentlicher Bedeutung, die gemeinschaftlichen Wertvorstellungen, Traditionen und auch Gewohnheiten zu kennen und auch zu verstehen. Wenn dies gelingt, kann eine Kraft entstehen, die positiv wirkt; wenn es misslingt, wird sie jedoch die Arbeit der Organisation eher blockieren. Da in der sozialen Arbeit, egal bei welchem Träger, Leute arbeiten, die, wie in der Arbeit beschrieben, oftmals durch gleiche Wertvorstellungen und Grundsätze gekennzeichnet sind, dürfte dies der leichteste Punkt beim Aufbau einer gemeinsamen Organisation von Sozialarbeitern innerhalb einer Stadt oder eines Landkreises sein. (vgl.: ebd.: S. 73-80) Vielmehr kann man beim Aufbau von Organisationen die Konkurrenz, in dem Fall der Träger, sehr gut nutzen, um eine Zusammenarbeit zu entwickeln. Hierfür könnte man beispielsweise an alle Träger der Jugendhilfe einen Brief schreiben, dass ein Konkurrent nun Mitglied der Organisation geworden ist und dass dies zwar ein Anfang ist, dass aber die volle Machtentfaltung erst dann zur Geltung kommt, wenn alle Träger mitmachen. Andere Träger, die nicht Mitglied in der Organisation wären, hätten dann Nachteile, da die Macht der Organisation mit der Anzahl ihrer Mitglieder wächst und somit auch ihre Bedeutung. (vgl.: ebd.: S. 88)

Wesentlich für den Aufbau, aber auch für den Erhalt von Organisationen ist die persönliche Identifikation ihrer Mitglieder mit der Vereinigung. Diese Identifikation ist das Herz der Organisation. Wenn sie gegeben ist, ist es möglich, eine unbegrenzte Anzahl an Taktiken zu wählen, um die eigene Macht geltend zu machen und um Dinge zu verändern. Einer der wichtigsten Punkte ist somit der Glaube des Organisators an die Menschen, die sich innerhalb der Organisation befinden. Wenn mit diesen eine Kommunikation stattfindet, bei der die Leute verstehen, was die Organisation ihnen bringen kann und was man erreichen will, ist diese überhaupt nur existent. Um dies zu erreichen, muss man in den persönlichen Erfahrungsbereich der Leute vordringen und deren Ideen mit berücksichtigen, da sonst die persönliche Identifikation und somit auch die Organisation selbst ins Wanken gerät. (vgl.: ebd.: S. 101-115) Um dieses Gefühl und die persönliche Verbundenheit noch zu stärken, ist es von Bedeutung, den Leuten nicht einfach nur zu sagen, was sie zu tun haben. Vielmehr sollte der Organisator anregende Fragen stellen und so die Mitglieder ihre eigenen Entscheidungen treffen lassen. (vgl.: ebd.: S. 123) All dies dürfte für eine Führungspersönlichkeit aus der sozialen Arbeit kein Problem sein, da diese es gewohnt sein sollte, Klienten anzuregen und deren Perspektiven zu erweitern, ohne ihnen die eigene Sicht der Dinge aufzuzwängen. Hinsichtlich der Arbeitsweise und Zielformulierung sind Sozialarbeiter generell wie geschaffen, um das Konzept von Alinsky umzusetzen. Hierzu gehört auch, dass man bei der Formulierung der Ziele so konkret wie möglich werden sollte. Das bedeutet, die Organisation sollte ihre Ziele, wie bessere Bezahlung, ganz deutlich benennen, da dies dem Erfahrungsschatz der Mitglieder entspricht. Das bedeutet, dass es keinen Sinn macht, abstrakte Szenarien zu entwerfen, die sehr allgemein und weit weg sind, sondern dass das Problem, weswegen man sich zusammenfindet und welches man mit der gewonnenen Macht beseitigen will, für die Mitglieder vermittelbar sein muss. Da auch der Sozialarbeiter von seinen Klienten konkrete Handlungsweisen und Schritte erwartet, die diese tätigen müssen, um ein Problem zu beseitigen, sollte auch dies für Profis aufgrund ihrer Ausbildung kein Problem sein umzusetzen. (vgl.: ebd.: S. 126-127) Gelingt all dies, sprich die Formulierung eines Bürgerprogramms als Grundlage der Organisation, die Einrichtung dieser unter Beachtung der persönlichen Identifikation der Mitglieder und der konkreten Vermittlung der zu beseitigenden Probleme, entsteht durch diese Organisation eine neue Machtgruppierung, deren Existenz eine Bedrohung für die bestehenden Machtverhältnisse darstellt und die das von Gil erwähnte kritische Bewusstsein nicht nur bündelt, sondern weiterträgt. Diese Organisation erkennt durch eben die Ausprägung eines kritischen Bewusstseins die Existenz eines Teufelskreises, der durchbrochen werden muss. Das bedeutet, die Sozialarbeiter nehmen die bestehenden Ungerechtigkeiten nicht mehr als gegeben an, sondern sehen diese als Problem und setzen sich dafür ein, dass ihr Leben lebenswerter wird. (vgl.: ebd.: S. 129-130) Auf eine Stadt bezogen, kann dies bedeuten, dass es sinnvoll sein kann, wenn nicht sogar sinnvoll ist, die mit der öffentlichen Hand zusammenarbeitenden Träger zusammenzubringen, um die darin beschäftigten Sozialarbeiter auf verschiedene Probleme hinsichtlich ihrer Arbeit aufmerksam zu machen, um so bei ihnen ein kritisches Bewusstsein zu entwickeln. Der nächste Schritt wäre dann ein Programm für bessere und gerechtere Arbeitsbedingungen, in dem die Forderungen dann so konkret wie möglich gestaltet werden müssten. Gelingt all dies, entsteht so ein wirklich bedeutender Widerpart der öffentlichen Hand, der die Chance hat, an der Ausbeutung und Unterdrückung der Profession etwas zu ändern. Um die gewonnene Macht erfolgreich einzusetzen, empfiehlt Alinsky verschiedene Taktiken, die die Organisation beachten sollte. Zu diesen gehört, dass man, sollte man über nicht so viel Macht verfügen, den Gegner aber glauben lässt, dass man diese hätte. Wie dies möglich sein kann, werde ich im dritten Unterkapitel darstellen. Ein weiterer Punkt ist der, dass man nie den Erfahrungsbereich der eigenen Leute verlassen sollte, da sie sonst die persönliche Identifikation und somit das Interesse an der Organisation verlieren. Wichtig kann es aber sein, den Erfahrungsbereich des Gegners zu verlassen, um diesen zu verwirren. Zudem sieht eine weitere Taktik vor, den Gegner nach den eigenen Gesetzen leben zu lassen oder aber ihn zu verspotten, damit dies ihn wütend macht und er aus der Wut heraus eventuell Fehler begeht. Zudem müssen die Taktiken und Aktionen der Organisation Spaß machen, da sonst die Organisation einschläft. Der Druck auf den Gegenspieler darf auch niemals nachlassen, wobei ein konstanter Druck deutlich besser wirkt, der das Zusammenspiel von Aktion und Reaktion berücksichtigt. Zwei weitere Punkte sind zudem, dass eine Alternative zu dem Kritisierten vorhanden sein muss und dass es am besten ist, das Problem zu personalisieren. (vgl.: ebd.: S. 141-142) Beachtet man diese Taktiken, kann das Wirken einer Organisation durchaus mächtig und nachhaltig sein. Im Folgenden werde ich zwei Organisationsformen darstellen, die heute jedoch oftmals ihren Einfluss verloren haben.

3.3.1 In Gewerkschaften

Eine historisch entstandene und aktuell eher schwache Organisation, die in meinen Augen viele der von Alinsky beschriebenen Grundsätze missachtet, sind die Gewerkschaften beziehungsweise der Berufsverband der sozialen Arbeit. Der Organisationsgrad in Gewerkschaften liegt laut Conen bei lediglich fünf Prozent der Beschäftigten. Dennoch vertreten diese die Meinung, dass jeder, der sich engagieren möchte, sich engagieren kann. Sie sieht die Gründe für den geringen Organisationsgrad in der Arbeitsbelastung der Sozialarbeiter sowie in den fehlenden Angeboten für potenzielle Mitglieder. Somit haben Personen, die nicht Mitglied sind, kaum Berührungspunkte mit den Gewerkschaften und werden somit auch kein Mitglied. (vgl.: Conen 2011, S. 128) Ich selbst kann diesen Eindruck nur bestätigen. Bei meinem Arbeitgeber ist nicht ein einziger Kollege Mitglied in einer Gewerkschaft oder in einem Berufsverband. Meiner Ansicht nach hängt dies auch mit der Arbeit dieser Institutionen zusammen, die sich schon lange aus dem Erfahrungsbereich ihrer Mitglieder oder potenzieller Mitglieder herausbewegt haben. Somit fehlt vielen Sozialarbeitern die persönliche Identifikation mit diesen, da sie oftmals abstrakte und schwer vermittelbare Probleme behandeln, die für den Sozialarbeiter an der Basis schwer greifbar sind. Um dies zu ändern, wäre eine Möglichkeit, sich öfter kritisch zu bestimmten Themen und Sachverhalten zu äußern, da ansonsten der Eindruck entsteht, der Verband hat keine Macht und keinen Einfluss. (vgl.: ebd.: S. 126-129) Dieser Eindruck verstärkte sich bei mir bei einem Besuch auf einem DBSH-Kongress, wo mir als potenziellem Mitglied keine Lösungen und Ideen für eine Veränderung des Ist-Zustandes vermittelt wurden, sondern vielmehr der aktuelle Zustand beklagt wurde. Dass Lobby- und Netzwerkarbeit auch für soziale Arbeit zunehmend von Bedeutung sind, hat dort scheinbar noch niemand wirklich erkannt. Neben dieser fehlenden Außenwirkung, auch auf die eigenen Mitglieder, sieht Conen weitere Probleme hinsichtlich der gewerkschaftlichen Organisation darin, dass es sich hierbei, zumindest in Teilen, um eine politische Organisation handelt und viele Sozialarbeiter nicht politisch agieren wollen, da sie sich selbst als unpolitisch betrachten. (vgl.: ebd.: S. 44-45) Dementsprechend ist es in der heutigen Zeit äußerst schwierig, über Gewerkschaftsarbeit etwas zu ändern, da diese in meinen Augen zu abstrakt und zu weit entfernt für den einzelnen Sozialarbeiter ist. Dass Gewerkschaftsarbeit dennoch etwas bewirken kann, zeigt der aktuelle Kita-Streik, der für öffentliches Aufsehen sorgt und der durchaus die Chancen in sich trägt, für die Mitglieder bessere Bedingungen zu schaffen. Eine etwas kleinere und somit eventuell auch greifbarere Form der Organisation stellt der Betriebsrat beziehungsweise die Mitarbeitervertretung dar.

3.3.2 In Mitarbeitervertretungen

Ein Betriebsrat beziehungsweise eine Mitarbeitervertretung kann innerhalb einer Firma durchaus eine gute Form sein, um die Interessen der Arbeitnehmer zu bündeln und diese gegenüber dem entsprechenden Einrichtungsleiter zu vertreten. Problematisch hieran ist jedoch oftmals, dass allein der Wunsch nach Gründung einer solchen Organisation von Arbeitgeberseite nicht gern gesehen wird. Vielmehr wird dies so verstanden, dass von Seiten der Arbeitnehmer die Übereinstimmung hinsichtlich der Unternehmensziele aufgekündigt wird und diese nun in eine andere Richtung arbeiten wollen. Da die Arbeitnehmer durch eine solche Vereinigung daran arbeiten, ihre Rechte und Interessen zu vertreten, sehen viele Leiter die gesamte Firma in Gefahr. Infolge dieser Denkweise haben auch viele Arbeitnehmer Probleme, sich durchzuringen, solch eine Organisation zu gründen. Viele sind demnach nicht dazu bereit, sich hieran zu beteiligen, da sie hinsichtlich der Möglichkeiten, Veränderungen zu erreichen, resigniert haben. Zudem kommt noch die Angst vor dem Verlust des Arbeitsplatzes hinzu, die durchaus berechtigt ist, da viele Leiter in Personal, das sich einbringen will, oftmals auch Rebellen sehen, die den Unternehmensfrieden gefährden. (vgl.: Conen 2011, S. 133)

Demnach sollte jeder, der vorhat, sich gegen die Unterdrückung in der eigenen Firma zu wehren, bestimmte Dinge beachten, bevor er damit beginnt, eine Mitarbeiterorganisation aufzubauen. Hierzu gehört zu Beginn eine Analyse der Situation des Trägers. Diese sollte beinhalten: Wie ist der Träger wirtschaftlich aufgestellt, wer ist der Hauptauftragsgeber, wie sind die Strukturen bis in die Führungsebene etc.? Daran anschließen sollte sich eine Analyse der Mitarbeitersituation, die beinhalten sollte, wie diese zu ihrem Arbeitgeber stehen, ob sie sich wohlfühlen oder ob sie überlastet sind. In diesem Kontext kann man auch die Erfahrungen der Arbeitnehmer hinsichtlich betrieblicher Interessenvertretungen abklopfen. Sollten diese Erfahrungen positiv sein, erleichtert das natürlich den Aufbau einer Organisation. Wenn dieser Rahmen steht, sollte es daran gehen, Argumente zu sammeln, die für die Einrichtung einer solchen Organisation sprechen, um andere Leute zu überzeugen. Zudem sollte man sich innerhalb dieses Prozesses auch gedanklich mit der Leitung auseinandersetzen und innerhalb eines Perspektivwechsels überlegen, welche Argumente aus deren Sicht für die Gründung eines Betriebsrates sprechen könnten. Zudem sollte man auch die

Argumente mit berücksichtigen, die gegen die Gründung sprechen, um auf diese reagieren zu können. All diese Punkte sollten in einem Zeitplan festgehalten werden, der festlegt, welcher Schritt zu welcher Zeit und mit welchem Ziel gegangen wird. Daneben macht es, ganz nach Alinsky, Sinn, wenn sich die jeweiligen Führungsfiguren mit anderen Betriebsräten vernetzen oder gar zusammenschließen. Hierdurch kann zum einen die Trägerkonkurrenz überwunden werden und zum anderen wächst, wie beschrieben, die Macht mit der Anzahl der Teilnehmer. (vgl.: ebd.: S. 133)

Dass eine Organisation von Arbeitnehmern auch aus Arbeitgebersicht nützlich sein kann, wird daran deutlich, dass Sozialarbeiter, die unzufrieden sind, oftmals schweigen und diese Unzufriedenheit aus dem Gedanken heraus, man kann eh nichts ändern, nicht artikulieren. Diese Unzufriedenen lösen in einem Team Unruhe aus, da sie sich wütend und frustriert präsentieren. Die Folge kann im schlimmsten Fall sein, dass nicht nur diese eine innere Kündigung mit dem Arbeitgeber vollziehen, sondern dass dies auf das gesamte Team übergreift. Dieser stille Boykott führt letztlich dazu, dass lediglich Dienst nach Vorschrift verrichtet wird und niemand mehr dazu bereit ist, freiwillig ein wenig mehr für den Arbeitgeber zu leisten. All das führt in letzter Instanz zu mehr Fehlzeiten und zu einer generellen Qualitätsminderung der Arbeit. (vgl.: ebd.: S. 51) Da ich aus eigener Berufserfahrung diese Punkte selbst erlebt habe, kann ich jeden Arbeitgeber nur motivieren, die Gründung eines Betriebsrates oder einer Mitarbeitervertretung zu unterstützen, da dies letztlich auch einen Ausdruck der persönlichen Identifikation der Arbeiter mit dem Unternehmen bedeutet. Aus der Sicht des Wehrens kann man solch eine Gründung auch nur begrüßen, da sie dazu beiträgt, das bereits mehrfach erwähnte kritische Bewusstsein weiterzuverbreiten.

Das Organisieren ist somit ein wichtiger und auch richtiger Schritt, um den Prozess des Wehrens voranzutreiben. Die Form, die ich bevorzugen würde, wären definitiv Mitarbeitervertretungen und Betriebsräte beziehungsweise lokale Netzwerke zwischen verschiedenen Trägern. Gewerkschaften und Berufsverbände arbeiten aus meiner Sicht zu abstrakt und vertreten kaum noch die Interessen ihrer Mitglieder, da sie selbst zu Wirtschaftssubjekten geworden sind. Hierdurch ist ihnen die persönliche Identifikation derer abhanden gekommen, die sie eigentlich vertreten sollen, was die stagnierenden beziehungsweise sinkenden Mitgliederzahlen belegen. Alle Organisationsformen, die durchaus dazu beitragen, das kritische Bewusstsein weiterzutragen, bringen nichts, solange die dort Organisierten nicht anerkennen und akzeptieren, dass sie politisch werden müssen, um etwas zu ändern. Dementsprechend kann der nächste Schritt nach dem Organisieren nur das Politisieren sein. Hierüber werde ich im folgenden Kapitel schreiben.

3.4 Werden wir politisch!

Um in unserer Staatsform etwas ändern zu wollen, kommt man nicht an der Politik vorbei. Diese ändert oder erlässt Gesetze und ist somit maßgeblicher Akteur für die soziale Arbeit. Durch die Ökonomisierung wurde wie beschrieben in den vergangenen Jahrzehnten die Lage der in der sozialen Arbeit Beschäftigten so weit verschlechtert, dass diese sich in die Rolle des Klagenden und Jammernden zurückgezogen haben. Mit dieser Haltung ist es jedoch sehr schwierig, Gehör für diese Problemlagen innerhalb der Gesellschaft und der Politik zu finden. Somit wäre es nötig, sich einzumischen und sich aktiv beispielsweise in politische Gremien einzubringen. (vgl.: ebd.: S. 71-72) Um dies zu erreichen, müssten Sozialarbeiter jedoch erstmals ihre politische Neutralität, die sie oftmals extra betonen, ablegen und, wie Gil es fordert, klar und deutlich für eine Politik der sozialen Gerechtigkeit eintreten. Dieses Eintreten sollte dabei nicht nur die Interessen der Klienten betreffen, sondern auch die eigenen. Wichtig hierfür ist die Erkenntnis, dass Politik und dort erlassene Gesetze nicht losgelöst von der Praxis betrachtet werden können. Politik berührt soziale Arbeit in allen Bereichen und ist somit viel mehr als eine reine Privatsache, die nur die Freizeit betrifft. Selbst wenn man den Status Quo anerkennt, wird man bereits politisch, da man das aktuelle System anerkennt und stützt. Dieses politischen Einflusses sind sich leider jedoch viele Sozialarbeiter nicht bewusst. (vgl.: Gil 2006, S. 138-140) Jeder einzelne Sozialarbeiter hat durch sein Handeln politische Relevanz. Soziale Arbeit kann somit nie unpolitisch sein. Somit stellt sich nicht die Frage, ob sie politisch ist oder nicht. Vielmehr muss danach gefragt werden, ob die Profession lediglich dafür da ist, politische Entscheidungen umzusetzen, oder ob sie dafür da ist, sich einzumischen. Ich persönlich würde mich hierbei ganz klar für das Einmischen entscheiden, da es nur so möglich ist, die eigenen und die Interessen der Klienten zu vertreten. (vgl.: Güntner u. Langer 2014, S. 239- 241)

Dass soziale Arbeit politisch ist, zeigt der Umstand, dass man sie sehr gut auf den Politikzyklus anwenden kann. Beim Politikzyklus handelt es sich um ein Modell, welches schematisch den politischen Prozess beschreibt. Der Zyklus beginnt dabei mit einer Problemdefinition. Diese führt erst dazu, dass sich Politik überhaupt mit einem Sachverhalt auseinandersetzt. Die Probleme werden hierbei oftmals über Verbände und Nichtregierungsorganisationen als solche in den politischen Prozess gebracht. Der Einfluss von sozialer Arbeit besteht nun darin, sich entweder in diesen einzubringen oder aber über persönliche Verbindungen zu politischen Entscheidungsträgern Probleme als solche zu benennen. Dies geschieht auch in der Praxis und gerade auf kommunaler Ebene häufig. Es spricht aus meiner Sicht nichts dagegen, über eine Vereinigte Trägerschaft beispielsweise schlechte Arbeitsbedingungen in der sozialen Arbeit anzusprechen und diese so in den politischen Prozess zu bringen. Im zweiten Schritt, dem Agenda Setting, wird das nun definierte Problem auf die politische Tagesordnung gesetzt. Hierfür positionieren sich politische Entscheidungsträger, aber auch Parteien zu dem beschriebenen Problem. Soziale Arbeit wird hierbei meistens dann mit einbezogen, wenn es sich um soziale Probleme handelt. Tätig wird der Sozialarbeiter oder ein Vertreter einer Sozialarbeitervereinigung hier beratend. Der nächste Punkt beinhaltet dann die Entscheidung, die zu dem definierten Problem getroffen werden muss. Dieser Punkt geschieht größtenteils im politischen System. Dennoch hat soziale Arbeit auch hier die Möglichkeit, Einfluss zu nehmen, indem sie beispielsweise in politischen Gremien, wie dem Jugendhilfeausschuss, mitarbeitet. Die getroffene Entscheidung muss dann umgesetzt werden. Hierfür wird, sollte es sich um soziale Probleme handeln, soziale Arbeit wieder aktiv. Der Einfluss ist auch dahingehend groß, da jedes Gesetz über interpretierbare Spielräume verfügt. Den Abschluss bildet dann die Evaluation, in der Sozialarbeiter an der Bewertung der getätigten Maßnahmen beteiligt sind. Hierbei kann man zum einen über Öffentlichkeitsarbeit, aber auch über Protest wirksam werden. (vgl.: ebd.: S. 245)

An dieser Darstellung wird deutlich, wie politisch die Profession ist und wie vielfältig die Verbindungen zur Politik sind beziehungsweise sein können. Sozialarbeiter können Politiker beraten, sie können Klienteninteressen vertreten und sie können Klienten mobilisieren. Auch Staub-Bernasconi fordert soziale Arbeit auf, sich in politische Entscheidungsprozesse einzumischen, da nur so relevante soziale Systeme geändert werden können. Alle Beschränkungen, denen der Sozialarbeiter und auch der Klient unterliegen, können nur politisch gelöst werden. (vgl.: Rieger 2013, S. 55-56)

Politische Entscheidungen müssen demnach von sozialer Arbeit so beeinflusst werden, dass sich die soziale Infrastruktur verbessert und auch die Klienten wieder am politischen Prozess beteiligt werden. Ein großes Problem entsteht nämlich dann, wenn die Profession ihrer Aufgabe im Wohlfahrtsstaat, der Inklusionsvermittlung und Exklusionsvermeidung, nicht mehr nachkommt. Die durch fragwürdige politische Entscheidungen ausgelöste Exklusion macht in der Folge auch nicht vor dem politischen System an sich halt. Dies zeigt sich, wie heute aktuell zu sehen, in Politik- und Wahlverdrossenheit sowie Extremismus. Da, wo sich Menschen vom politischen System nicht mehr angesprochen fühlen, spitzen sich diese Tendenzen zu. Somit ist es Aufgabe der sozialen Arbeit, die Klienten dabei zu unterstützen, ihre Interessen zu vertreten, diese durchzusetzen und sich zu organisieren. Somit macht soziale Arbeit Politik und ist eindeutig politisch. (vgl.: ebd.: S. 57-58) Somit handelt soziale Arbeit nicht nur politisch, sondern sie gestaltet Politik mit und kann so als angewandte Sozialpolitik bezeichnet werden. Die Interessenvertretung gegenüber Entscheidungsträgern sowie der Versuch der Einflussnahme finden hierbei auf allen politischen Ebenen, wie am Politikzyklus ersichtlich wurde, statt. (vgl.: ebd.: S. 64)

Würden sich alle Sozialarbeiter dieses Einflusses bewusst werden, würden sie auch erkennen, dass es durchaus hilfreich sein kann, sich in Gremien zu engagieren. So kann man beispielsweise durch die Mitarbeit in diesem feststellen, wie die aktuelle Diskussion verläuft, wer sie gestaltet, wer sie prägt, wer welche Ziele verfolgt. Hieraus kann man eigene Strategien entwickeln, um eigene Positionen beziehungsweise Positionen der Organisation, die man vertritt, voranzubringen. Auch kann es durchaus Sinn machen, für bestimmte Aktionen oder Positionen Unterschriften zu sammeln, da diese, bei entsprechender Anzahl, durchaus Einfluss auf politische Entscheidungsträger haben. (vgl.: Conen 2011, S. 133-137)

In der Folge werde ich detaillierter auf Möglichkeiten eingehen, sich politisch zu engagieren und einzubringen. Hierfür werde ich als Erstes über die Möglichkeiten in der Kommunalpolitik berichten, um dann aus diesem Kontext heraus den Jugendhilfeausschuss näher vorzustellen. Danach stelle ich zwei neuere und immer bedeutender werdende Formen der Einflussnahme vor, die Politikberatung und die Lobbyarbeit.

3.4.1 In der Kommunalpolitik

An keiner anderen Stelle innerhalb des politischen Systems wird der Einfluss von sozialer Arbeit so sichtbar wie in der Kommunalpolitik. Innerhalb von Kommunen wirken Sozialarbeiter und nehmen so auch am ehesten den durch politische Entscheidungen hervorgerufenen sozialen Wandel wahr. Da kommunalpolitisch getroffene Entscheidungen direkt vor Ort wirken, muss soziale Arbeit die Strukturen und Prozesse, die diese Entscheidungen treffen, kennen, im Blick haben und mit ihnen arbeiten. (vgl.: Schöning 2014, S. 43) Eine Möglichkeit, direkt vor Ort etwas zu ändern, besteht darin, den Bürgermeister oder auch Landrat, die in den meisten Fällen von einer Ratsmehrheit getragen werden, direkt mit Hinweisen, Anfragen und Beschwerden zu konfrontieren. Sollten die an ihn herangetragenen Dinge für ihn von Relevanz sein, besteht durchaus die Möglichkeit, dass sie den sofortigen Weg in die Verwaltung und somit in den Bereich finden, der etwas verändern kann. (vgl.: ebd.: S. 50) Es wäre durchaus denkbar, innerhalb eines Gesprächs den Landrat oder auch den Bürgermeister mit den schlechten Bedingungen innerhalb der sozialen Arbeit zu konfrontieren und ihm zu versuchen klarzumachen, dass er als der Leiter der Verwaltung einen maßgeblichen Einfluss auf diese hat. Da auch immer irgendeine Wahl ansteht, kann man dies auch dazu nutzen, um Druck aufzubauen. Denn niemand in der Öffentlichkeit wählt jemanden, der freie Träger und deren engagierte Mitarbeiter ausnutzt, indem er Aufträge befristet und diese auch noch schlecht bezahlt. Hierzu ist aber die im vorhergehenden Kapitel beschriebene Organisation von Macht bedeutsam, da auch nur der ernst genommen wird und Druck aufbauen kann, der über ihm zugeschriebene Macht verfügt. Zudem sind, um diesen Schritt zu gehen, auch Vereinbarungen mit anderen Trägern durchaus nützlich, da der politische Entscheidungsträger ansonsten die Träger gegeneinander ausspielen kann.

Eine weitere Möglichkeit für soziale Arbeit, Einfluss auf die Kommunalpolitik zu nehmen, besteht darin, in fachlichen Gremien wie dem Jugendhilfe- oder Sozialausschuss mitzuwirken. In diesen kann die soziale Arbeit vor Ort durch die Entsendung von Mitgliedern direkten Einfluss auf die Jugendhilfepolitik vor Ort nehmen. Dies ist zum einen dadurch möglich, dass eine Fachkraft direkt Mitglied des entsprechenden Ausschusses wird oder dass sie als sachkundiger Bürger von einer Partei in den entsprechenden Ausschuss entsendet wird. (vgl.: ebd.: S. 51) Aufgrund der Teilnahme an den Ausschüssen erhält die Fachkraft viele Informationen über aktuelle und zukünftige Entwicklungen innerhalb der Kommune und kann diese nutzen, um den Träger beziehungsweise soziale Arbeit vor Ort für diese fit zu machen. Ist der Sozialarbeiter, der im Ausschuss sitzt, sogar in diesem stimmberechtigt, kann er direkten Einfluss auf Entscheidungen nehmen. Sollte er nicht stimmberechtigt sein, ist es jedoch auch möglich, durch das Einbringen von bestimmten Themen die Diskussion innerhalb des politischen Systems vor Ort über diese anzuregen, um eventuell so Veränderungen für die Klienten bzw. die eigene Profession zu erreichen.

Neben den Ausschüssen oder auch Ratssitzungen existieren oftmals vor Ort auch parteibezogene informelle Arbeitskreise, in denen über beispielsweise Sozial- und Jugendpolitik diskutiert wird. Diese dienen vor allem dazu, entsprechende Sitzungen eines Ausschusses oder eines Parlaments vorzubereiten. Diese verwehren sich selten gegen die Beratung durch Fachkräfte und sind oftmals froh, wenn sie durch diese neue Sichtweisen auf bestimmte Thematiken erhalten. Auch hier ist es wieder bedeutsam, dass Sozialarbeiter vor Ort, die ein Problem erkennen, sich einbringen und die Vertreter der Politik einladen, um dieses Problem in den politischen Raum zu bringen, da es nur dort auch gelöst werden kann. Ein andere Möglichkeit, die eher in die beratende Richtung geht, ist die der Teilnahme an Gesprächskreisen sowie der ständige Kontakt zur Verwaltung. (vgl.: ebd.: S. 52) Die Gesprächskreise sowie der Austausch mit der Verwaltung und auch der Kontakt zu Parteien bieten den optimalen Rahmen, um für eigene Interessen zu werben und sich Unterstützung von Politik und Verwaltung zu holen, um diese letztlich auch umsetzen zu können. Eine weitere, wenn auch etwas heiklere Möglichkeit, sich politisch einzubringen, stellt die Initiierung von Bürgerbegehren und Bürgerentscheiden dar. Hier kann man gezielt Bürger mit entsprechenden Problemlagen und Alternativen konfrontieren und sich durch das Sammeln von Unterschriften deren Zustimmung zusichern. Diese Möglichkeit bietet die Chance, eine öffentliche Diskussion, beispielsweise über die prekären Bedingungen in der sozialen Arbeit, loszutreten und die Öffentlichkeit auf die Seite der Sozialarbeiter zu ziehen. Zum anderen besteht jedoch durchaus das Risiko, dass nicht genügend Unterschriften zusammenkommen und das Begehren somit scheitert. Ein weiteres Risiko besteht darin, dass alle Begehren sich meistens gegen die Ratsmehrheit richten, die jedoch auch ansonsten über das Wohl und Wehe der sozialen Arbeit durch Gesetze entscheidet. (vgl.: ebd.: S. 53)

Hieran wird deutlich, dass es durchaus viele Möglichkeiten gibt, sich politisch einzumischen und etwas für sich und die Profession zu ändern. Dass ein Einmischen unabdingbar ist, zeigt auch die immer mehr nachlassende Finanzkraft der Kommunen. Bei immer knapper werdenden Mitteln ist es umso bedeutender, für seine Interessen einzutreten, um nicht noch weniger vom Kuchen abzubekommen. Bei der Einmischung kann man sich durchaus die Unterstützung von einzelnen Politikern suchen, die entweder den Standpunkt teilen und sich dementsprechend leidenschaftlich für diesen engagieren. Oder aber man spricht die Karrierebewussten an, die bei den kommenden Wahlen keine Stimmeinbußen erleiden möchten und die somit nicht als sozial kalt dastehen wollen und sich für sozialere Arbeitsbedingungen aussprechen. Daneben macht es Sinn, auch Unternehmer, Vereine, Künstler oder Sportler, die regional von Bedeutung sind, anzusprechen, um die eigene Macht zu vergrößern. Über diese können beispielsweise Themen besetzt und Meinungen beeinflusst werden. (vgl.: ebd.: S. 57) Hieran wird wiederum ersichtlich, wie wichtig es ist, sich zu vernetzen und zu organisieren, um die eigene Macht auszubauen, ein kritisches Bewusstsein zu verbreiten und sich somit erfolgreich zu wehren. Eine weitere Möglichkeit, soziale Arbeit im politischen Prozess besser zu positionieren, besteht darin, sich selbst politisch zu engagieren. Dieser Weg, den ich selbst eingeschlagen habe, kann letztendlich dazu führen, dass man selbst zu einem Mandatsträger und somit zu einem politischen Entscheider wird, der sich für eine Verbesserung der Arbeitsbedingungen der sozialen Arbeit beziehungsweise für eine Verbesserung des sozialen Klimas in der Kommune einsetzen kann. So ist es mir und meiner Partei vor Ort beispielsweise gelungen, durch eine äußerst kritische Begleitung der Asylpolitik des Landkreises und durch Veranstaltungen, die auf die Zustände der Asylbewerber aufmerksam machen, einen überfraktionellen Antrag in den Kreistag einzubringen, der sich für die Initiierung eines „runden Tisches“ ausspricht, an dem neben Partei- und Sportvertretern auch Flüchtlinge teilnehmen sollen. Der gesamte Prozess sowie auch die Veranstaltung wurden mit Hilfe der Sozialarbeiterin der Ausländerberatung gemeinsam geplant und vorbereitet. Eine zweite Idee, die durch das Zusammenarbeiten von Partei und sozialer Arbeit realisiert werden konnte, war die Umsetzung eines Urban Farming-Projektes innerhalb der Kommune. Wir hatten als Partei dazu aufgerufen, dass Leute, die hieran interessiert waren, sich bei uns melden sollten. Infolge des Aufrufs kamen die örtlichen Streetworker auf uns zu und schlugen die Errichtung von Hochbeeten auf einem Platz vor, der in einem sozialen Brennpunkt liegt. Zur Errichtung dieses Platzes erschienen dann neben Jugendlichen aus dem Stadtteil auch Mitglieder eines von mir geleiteten Familiencafés. Mit allen gemeinsam wurden die Beete errichtet und bepflanzt und so eine Aufwertung des Platzes erreicht. Da der Platz der Stadt gehört, war die Durchführung nur durch ein Zusammenwirken von sozialer Arbeit und Politik möglich. Ohne das Einmischen der Streetworker wäre die Realisierung nicht möglich gewesen. Positiv ist zudem, dass nun beide Projekte verschmelzen sollen, da von einem Netzwerk, welches Asylbewerber berät, nun die Anfrage kam, ob man diese Form von Beeten nicht auch als interkulturelle Gärten an anderen Standorten einrichten kann. Für mich persönlich zeigt sich hieran, dass es durchaus sinnvoll sein kann, sich vor Ort politisch zu engagieren, da man so beide Seiten, soziale Arbeit und Politik, kennenlernt, aber auch dabei hilfreich sein kann zu vernetzen und zu vermitteln. Daneben wächst natürlich auch das eigene Netzwerk und somit die Macht, die man hat, um die eigenen Interessen durchzusetzen.

Im folgenden Kapitel werde ich eine Institution vorstellen, in der mein Geschäftsführer Mitglied ist und die meines Erachtens durchaus dabei hilfreich sein kann, Politik mit den Problemlagen von sozialer Arbeit zu konfrontieren: den Jugendhilfeausschuss.

3.4.2 Im Jugendhilfeausschuss

Der Jugendhilfeausschuss ist innerhalb des politischen Systems eigentlich klar innerhalb der Kommunalpolitik verankert. Dennoch wird er oftmals bei Diskussionen, die über die zukünftigen Entwicklungen innerhalb des Jugendhilfebereichs geführt werden, außen vor gelassen. Der Ausschuss ist einerseits Teil der Verwaltung und andererseits, durch seine Aufgaben, politischer Akteur. Diese Aufgabe besteht im Wesentlichen aus Lobbyarbeit für Familien und Jugendliche. Hierzu erörtert der Ausschuss aktuelle Problemlagen und gibt Anregungen und macht Vorschläge, wie sich die Jugendhilfe weiterentwickeln kann. Über die Jugendhilfeplanung wirkt der Ausschuss bei der Verteilung von Finanzmitteln mit, erfasst den aktuellen Bestand der Jugendhilfe vor Ort und ermittelt zukünftige Bedarfe. Hieraus wird bereits ersichtlich, dass es für soziale Arbeit absolut nötig ist, sich in diesem Ausschuss einzubringen, da dieser maßgeblich an den Entscheidungen beteiligt ist, die die Profession und ihre Arbeitsbedingungen betreffen.

Neben diesen Aufgaben dient der Ausschuss auch der kritischen Betrachtung der jugendamtsinternen Strukturen und hat ein Vorschlagsrecht für die Jugendschöffen sowie ein Antrags- und Beratungsrecht im entsprechenden Kreistag. (vgl.: Beckmann 2013, S. 62- 64) Vertreten sind im Jugendhilfeausschuss neben den Parteien auch sachkundige Bürger und Vertreter der freien Träger vor Ort sowie des Jugendamtes. Dementsprechend könnte das Gremium ein potenziell wichtiger Akteur innerhalb des politischen Prozesses sein, welcher Änderungen für die soziale Arbeit vor Ort erreichen kann. Da aber die meisten ehrenamtlichen Vertreter der Parteien zumeist keine Fachkräfte sind und somit Schwierigkeiten dabei haben, sich in die komplexen Vorgänge der Jugendhilfe hineinzudenken, entscheiden sie zumeist über die Vorlagen der Verwaltung und zwar in der Richtung, wie es die Verwaltung möchte. Somit stellt der Ausschuss durchaus ein gutes Gremium für die freien Träger dar, die sich dort einbringen und austauschen können. (vgl.: ebd.: S. 62-65) Wegweisende Entscheidungen, die wirklich etwas an den Zuständen innerhalb der sozialen Arbeit ändern können, sind jedoch eher nicht zu erwarten. Das Dilemma, dass ehrenamtliche Politiker meist nicht viel über Jugendhilfe und deren Wirken sowie auch Leiden kennen, verdeutlicht nochmals, dass sich Sozialarbeiter viel mehr einbringen müssen, um für sich und die Klienten etwas Grundlegendes zu ändern. Hierfür hilfreich könnte auch eine neue Form des Einbringens sein, welche aus wirtschaftlicher Sicht schon lange gehandhabt wird: die der Beratung und der Lobbyarbeit. Diese beiden Formen der Beeinflussung von Politik wurden jahrelang von der sozialen Arbeit gemieden und hauptsächlich der Wirtschaft überlassen. In meinen Augen hängt auch dies wieder mit dem im ersten Kapitel beschriebenen „Sozialcharakter" zusammen, der einfach nicht vorsieht, sich für seine eigenen Interessen einzusetzen, sondern lediglich für die der Klienten. Infolge dieser Haltung wurden die knappen kommunalen Mittel immer weiter zu Ungunsten der sozialen Arbeit gekürzt. Infolge dieser Erfahrungen macht sich auch innerhalb der Profession immer mehr der Gedanke breit, dass es durchaus nützlich sein kann, beratend auf die Politik einzuwirken. Wie dies mithilfe von Beratung und Lobbyarbeit möglich sein kann, werde ich im nächsten Kapitel darstellen.

3.4.3 In Politberatung und Lobbyarbeit

Wie innerhalb des Kapitels schon sichtbar wurde, wäre es zur Verbesserung der Arbeitsbedingungen innerhalb der sozialen Arbeit nötig, eine professionelle Sozialarbeitspolitik zu etablieren, die sich einmischt und die die Politik auf allen Ebenen berät und beeinflusst. Diese Form der Lobbyarbeit und Politberatung wird im aktuellen politischen System von vielen Berufsgruppen erfolgreich betrieben, um die eigenen Interessen durchzusetzen. Die Idee, Politik zu beraten, entspringt hierbei dem Selbstverständnis einer Profession. Da soziale Arbeit, wie dargestellt, jedoch Schwierigkeiten hat, sich als eigenständige Profession zu sehen, ist dieser Gedanke innerhalb des Berufsfeldes noch nicht weit verbreitet. Dies verwundert, da die Probleme der aktuellen Zeit prädestiniert dafür sind, beratend auf Politik einzuwirken. Infolge der immer komplexer werdenden Gesellschaft und der damit vorhandenen multiplen Problemlagen sowie der Unübersichtlichkeit hinsichtlich des Einsatzes und des Wirkens von sozialpolitischen Maßnahmen ist Politik verstärkt auf den Rat von Sozialarbeitern angewiesen. Von dieser beratenden Funktion profitiert im Gegenzug auch die soziale Arbeit, da diese so Einfluss nehmen kann, der wichtig für den eigenen Erhalt ist, da die Profession abhängig von politischen Entscheidungen ist. Die Beratung dient somit der Information, der Aufklärung oder auch der Irritation gesellschaftlicher Akteure hinsichtlich gesellschaftlicher Veränderungen. Dies geschieht vorrangig durch eine Versorgung der politischen Mandatsträger mit wissenschaftlichen und praxisnahen Informationen. (vgl.: Rieger 2014, S. 330-333)

Jeder, der Politik beraten möchte, muss hierfür innerhalb einer Initialphase den Kontakt zu den Mandatsträgern vor Ort anbahnen. Ist dies geschehen, müssen in einer Planungsphase die Ziele und Methoden der Beratung geklärt werden. Dies bedeutet: Was soll beispielsweise nach der Beratung anders sein und wie kann die Beratung das erreichen? In der Folge müssen dann Daten erhoben und ausgewertet werden, die die Grundlage der Beratung darstellen. Hieran

schließt sich dann die Präsentation der Ergebnisse sowie der hieraus resultierenden Empfehlungen an. Die eigentliche Umsetzung dieser Empfehlungen obliegt dann der Politik und ist nicht mehr Bestandteil der Beratung. Die Beratung kann hierbei über Gespräche, Präsentationen, direkte Kontakte oder Gutachten erfolgen, die entweder infolge eigener Initiative oder aber auf Anregung von außen zu Stande kommen. Politikberatung kann hierbei in allen Phasen des vorhin beschriebenen Politikkreislaufes stattfinden. Diese Form der Einflussnahme legitimiert sich somit durch den Einsatz von Expertenwissen und unterscheidet sich von der zweiten Form, der Lobbyarbeit. (vgl.: ebd.: S. 335- 336)

Lobbyarbeit, in der sozialen Arbeit auch Soziallobbying, versucht maßgeblich, durch die Erzeugung von öffentlichem Druck zu überzeugen und zu argumentieren und so die eigenen Interessen zu vertreten. Politiker sollen durch Lobbyarbeit so beeinflusst werden, dass ihre Entscheidungen im Sinne dessen getroffen werden, der versucht, sie zu beeinflussen. Diese Einflussnahme kann dabei auf allen Ebenen des politischen Systems geschehen. Maßgeblich geschehen die Gespräche oder aber auch Präsentationen hierbei informell, direkt und nicht beobachtbar. Das bedeutet beispielweise, dass ein Sozialarbeiter vor Ort, als Vertreter eines Zusammenschlusses von verschiedenen Trägern, persönlich beim Landrat vorspricht und diesen versucht davon zu überzeugen, dass nur mit einer besseren Bezahlung und mit längeren Projektlaufzeiten eine bessere soziale Arbeit möglich ist. Diese Form von Lobbyarbeit würde man als direktes Lobbying bezeichnen. Hiervon unterscheidet sich das indirekte Lobbying, welches über Medien geschieht und weniger erfolgversprechend ist. Daneben ist der Erfolg jedoch auch noch davon abhängig, ob die Gruppe über genügend personelle Ressourcen und eine entsprechende Struktur verfügt, den politischen Prozess zu beobachten und Kontakt zu verschiedenen wichtigen Mandatsträgern aufzunehmen. Durch eine entsprechende Beobachtung können frühzeitig Prozesse und sich abzeichnende Entscheidungen sowie die Personen, die diese verantworten, wahrgenommen und somit auch beeinflusst werden. Die dann einsetzende direkte Lobbyarbeit muss dann durch indirekte Arbeit in den Medien ergänzt werden, um die öffentliche Meinung für sich zu gewinnen. Geschieht dies, kann eine

Stimmung entstehen, die zu Veränderungen führen kann. (vgl.: ebd.: S. 339-344)

Bei allen politischen Protestformen hat sich gezeigt, dass in der heutigen Zeit, die von Internet-Hypes und wöchentlich neuen Trends lebt, Protest und Widerstand mithilfe künstlerischer Mittel durchaus erfolgsversprechend sein können. Subversiver Protest übertreibt hierbei und spitzt so zu, dass sich die Wahrnehmung eines Sachverhalts in der Öffentlichkeit durchaus verändern kann. (vgl.: Conen, S. 139) Solche subversiven Protestformen und Ideen werde ich nun im abschließenden Kapitel darstellen, da sie auch in meinen Augen eine sehr gute Möglichkeit bilden, sich zu wehren.

3.5 Werdet wir kreativ!

Spätestens seit „Occupy Wallstreet" ist vielen die Strahlkraft von Massenprotesten in Verbindung mit künstlerischen Ausdrucksformen und sozialen Medien ein Begriff. Auch in Deutschland existieren mittlerweile Gruppen, wie das „Kollektiv Peng" oder „Das Zentrum für politische Schönheit", die sich bewusst künstlerischen und ungewöhnlichen Protestformen widmen, um auf soziale Probleme und eine zunehmende soziale Ungerechtigkeit hinzuweisen. Da dies, wie die Arbeit zeigte, auch ein Hauptproblem für die soziale Arbeit darstellt, bietet subversiver Protest auch für unsere Profession viele Möglichkeiten, um die bestehenden Ungerechtigkeiten aufzuzeigen. Dies kann über Tricks und Streiche geschehen, die den politischen Protest zum einen attraktiver und zum anderen nachhaltiger machen. (vgl.: Boyd; Mitchell 2014, S. 12-13)

Die meisten Aktionen sind hierbei direkte Aktionen. Dies kann die klassische Form der Besetzung sein, die das Ziel hat, Druck aufzubauen und die Gegenseite zum Handeln zu zwingen. Hierfür wichtig ist die Wahl des Ortes der Besetzung, der eine symbolische Bedeutung haben muss. So könnte man mit Sozialarbeitern beispielsweise das Landratsamt eines Landkreises besetzen, um für höhere Fachleistungsstundensätze zu demonstrieren. Gut wäre es hierfür auch, Klienten zu mobilisieren, die die Aktion unterstützen, da somit die Anzahl der Personen erhöht werden würde und somit auch die Macht, da Macht, wie beschrieben, durch Organisation entsteht. Somit kann man über soziale Medien und auch direkte Kontakte Leute mobilisieren und gemeinsam mit denen besetzen oder blockieren. Eine andere direkte Form, die auch auf Organisation beruht, bildet die Initiierung eines Flashmobs, bei dem zentrale Plätze oder Orte gestürmt werden und dort dann durch Klatschen oder Singen auf ein bestimmtes Problem hingewiesen werden kann. (vgl.: ebd.: S. 20-32) Hierzu könnten, um auf prekäre Arbeitsbe-

dingungen hinzuweisen, durchaus Arbeiterlieder, wie „Die schlesischen Weber",
auf die eigene Berufsgruppe umgedichtet werden.

Neben diesen direkten und auf Massen ausgerichteten Formen gibt es auch sub-
tilere Aktionen, die weniger Leute bedürfen. Ein Beispiel hierfür wäre die „Gue-
rilla Projektion". Für diese benötigt man lediglich einen leistungsstarken Bea-
mer, eine Hauswand und eine klare Botschaft, die an eben diese Wand projiziert
wird. Angestrahlt werden könnten hierbei Gebäude der öffentlichen Hand oder
Parlamente, da dies Orte sind, in denen Entscheidungen getroffen werden. Hierüber kann eine große Öffentlichkeit erreicht und die Gegenseite unter Druck gesetzt werden. (vgl.: ebd.: S. 33-35) Ein weiteres Beispiel ist das der kreativen
Störung. Hierbei werden PR-Aktionen oder auch Pressekonferenzen unterwan-
dert und gestört. Dies ist immer bei öffentlichen Auftritten besonders ertrag-
reich, da man somit viele Personen erreicht. Wichtig hierbei ist aber, den Gegner
nicht niederzubrüllen, da man sich so die Sympathien der Öffentlichkeit ver-
scherzt. Besser ist es, sich mit Transparenten still vor dem entsprechenden Red-
ner oder am Rande zu positionieren. Oder einfach zu beginnen, leise ein Lied zu
singen. Diese kreative Störung führt dazu, dass der Gegner zu einer Reaktion
gezwungen wird, die er jedoch nur noch schwer positiv für sich gestalten kann.
Eine weitere, in meinen Augen gelungene Aktion ist, eine Petition, die man im
Internet erstellt hat, in die Wirklichkeit zu übertragen und beispielsweise die zu-
sammengekommenen Unterschriften anhand von Lieferungen von Kartons an
den Adressaten darzustellen. (vgl.: ebd.: S. 42- 51) Generell lassen sich mit Kartons wunderbare Dinge darstellen. So ließe sich mit deren Hilfe der Öffentlichkeit gut darstellen, wie viele Kindeswohlgefährdungen und Inobhutnahmen es
jährlich gibt. Allein das plastische Auftreten an einem zentralen Ort könnte die
Öffentlichkeit zum Nachdenken und die Gegenseite zum Handeln anregen.

Bei all diesen Beispielen gibt es verschiedene Dinge, die beachtet werden müssen. So ist es definitiv von Bedeutung, bei allem, was man vorhat, in Geschichten zu denken. Über das Erzählen einer Geschichte lassen sich die öffentliche
Meinung und Wahrnehmung am ehesten beeinflussen. Je mächtiger und ein-
drucksvoller diese ist, umso größer wird ihr Einfluss sein. Da nach dieser Art
auch Medien funktionieren, sollte das erzählerische Denken Grundlage einer
jeden Kampagnenentwicklung sein. Sinnvoll ist hierbei zudem ein Perspektiv-
wechsel, bei dem man seinen Blick darauf richtet, wie Außenstehende, die die
eigene Position nicht teilen, die Geschichte betrachten würden, da man so deren
Wirkung überprüfen kann. In den Geschichten sollten verschiedene Elemente
enthalten sein, die diese besonders aussagekräftig machen. Hierzu zählt natür-

lich der Konflikt an sich, wegen dessen man aktiv wird. Hier sollte das Problem klar benannt werden. Zudem sollten auch die Aspekte angeführt werden, die in der aktuellen öffentlichen Wahrnehmung des Konfliktes fehlen. Weiterhin müssen die Personen, gegen die sich der Protest richtet, aber auch die, die den Protest durchführen, klar in der Geschichte auftauchen. Wenn man die Personen und den Konflikt benannt hat, arbeitet man am besten mit eindrucksvollen Bildern weiter, die das Thema am besten veranschaulichen. Positiv wäre es, hier mit Bildern zu arbeiten, die als Metapher für den Konflikt dienen, da diese meist noch deutlicher auf das Problem hinweisen. Neben der Darstellung des Ist-Zustandes ist es aber genauso wichtig, eine klare Zukunftsvision zu liefern, in der die, die den Protest durchführen, klar ihre Lösung des Konfliktes darlegen. Neben diesen zentralen Elementen, die in einer guten Geschichte enthalten sein sollten, ist es zudem wichtig, die bestehenden Ungerechtigkeiten aufzugreifen und diese klar auf den Verursacher zu richten. Hierdurch kann es gelingen, an den Gerechtigkeitssinn der Menschen, die die Auseinandersetzung verfolgen, zu appellieren und somit die Glaubwürdigkeit des Gegners zu untergraben, womit man ihm letztlich die gesellschaftliche Zustimmung entzieht. (vgl.: ebd.: S. 80-90) Wichtig ist zudem, dass alle in der Geschichte vorkommenden Punkte und die damit einhergehenden Aktionen aufeinander abgestimmt sein müssen. Das bedeutet, Wort, Bild und Aktion müssen eine Sprache sprechen und sich gegenseitig unterstützen. Alles muss im Einklang mit der Kernaussage des Protestes sein. Ist dies der Fall, wird die Botschaft zum einen verstärkt und zum anderen lassen sich so eventuell neue Mitstreiter gewinnen, da man über einen gewissen Zeitraum präsent war. Wenn man dann Aktionen innerhalb einer Geschichte durchführt, sollte man darauf achten, dass man diese selbst filmt und kommuniziert. Da einige Medien nicht bereit sind, über bestimmte Dinge zu schreiben und zu berichten, können Aktionen ansonsten teilweise verpuffen. Dementsprechend ist es von Bedeutung, im Vorfeld Pressemitteilungen zu verfassen und Journalisten am besten mit diesen sowie mit Bildern, Videos und kleinen Interviews zu versorgen. Dies erhöht die Wahrscheinlichkeit, dass die Aktion und auch das eigentliche Thema aufgegriffen werden. (vgl.: ebd.: S. 112-120) Neben einem freundlichen Auftreten, welches die Öffentlichkeit eher anspricht als ein wütendes und aggressives, sollten alle Forderungen eines Protestes von der Gegenseite auch erfüllbar sein, da sonst der Eindruck entstehen könnte, dass man den Gegenüber nur erpressen will. Alle Aktionen müssen in soziale Netzwerke eingepflegt werden, da man so eine Öffentlichkeit schaffen und Sympathien gewinnen kann. (vgl.: ebd.: S. 126-130)

Beachtet man all diese Punkte beim Schreiben von Geschichten und bei der Durchführung von Aktionen, kann es durchaus gelingen, die Perspektive der Öffentlichkeit auf einen Sachverhalt zu ändern und bestehende Geschichten durch neue zu ersetzen und Glaubenssätze der Öffentlichkeit in Frage zu stellen und Lösungen zu unterbreiten. (vgl.: ebd.: S. 135) Gelingt dies, ist der subversive Protest eine wunderbare Protestform, die allein durch Kreativität und Einfallsreichtum Menschen erreicht und deren Sicht auf Dinge ändert. Dementsprechend ist diese Form des Protestes gerade auch für Sozialarbeiter ein gutes Mittel, um auf bestehende Ungerechtigkeiten hinzuweisen. Da diese innerhalb ihrer Arbeit oftmals kreativ sein müssen, sind sie auch die Berufsgruppe, der ich am ehesten Ideen für subversiven Protest unterstelle und der man diese vor allem auch abnimmt.

Fazit

Meine These vom Beginn der Arbeit, nach der man Sozialarbeitern ihre eigene Macht und Professionalität bewusst machen muss, um diese in die Lage zu versetzen, aktiv für eine Verbesserung ihrer Lebens- und Arbeitsbedingungen einzutreten, hat sich für mich innerhalb der vorhergehenden Kapitel bestätigt.

Soziale Arbeit und die hierin Beschäftigten müssen versuchen, ihren „Sozialcharakter" abzulegen, der sie in eine verordnete Hilfslosigkeit führt, und die Kraft und Energie, die das Aushalten des eigenen Leidens erfordert, in Energie umzuwandeln, die sie aktiv werden lässt und somit etwas ändert. Voraussetzung hierfür ist, wie bereits mehrfach beschrieben, dass wir uns selbst als professionell und somit auch als mächtig ansehen. Wenn dies gelingt, muss dann in einem nächsten Schritt diese Macht organisiert und gebündelt werden, da so der eigene und auch der zugeschriebene Einfluss größer werden. Das Organisieren von Macht führt zudem zur Verbreitung eines kritischen Bewusstseins, welches nötig ist, um die eigene Unterdrückung durch aktuelle politische Entwicklungen und Entscheidungen als Problem zu erkennen und letztlich zu bekämpfen. Durch das Erkennen der eigenen Unterdrückung und des eigenen Einflusses kann ein Prozess in Gang gesetzt werden, der Dinge zu Gunsten der sozialen Arbeit verändert. Wenn diese Mächtigkeit einmal im Raum steht, wird die gesamte Profession von ihren Gegenspielern, die ich hierbei maßgeblich im politischen System ansiedeln würde, ernster genommen und fairer behandelt. Wenn nun diese Macht organisiert und vorhanden ist, muss es im nächsten Schritt darum gehen, diese auch sinnvoll einzusetzen, um sich erfolgreich gegen die bestehenden Ungerechtigkeiten zur Wehr zu setzen. Möglichkeiten hierzu gibt es viele. Diese setzen jedoch voraus, dass die Profession ihre aktuelle unpolitische Haltung ablegt und anerkennt, dass sie aufgrund ihres Aufgabenbereichs nie unpolitisch ist. Dementsprechend sollte eine soziale Arbeit, die sich selbst ernst nimmt, sehr politisch auftreten und nicht nur für ihre Klienten versuchen, etwas zu ändern, sondern auch für sich selbst. Hierzu kann sie sich, wie im letzten Kapitel der Arbeit beschrieben, vielfältig im politischen System einbringen und versuchen, dieses nach den eigenen Vorstellungen umzugestalten. Dass dies durchaus möglich ist, zeigt seit vielen Jahren oder Jahrzehnten die Industrie, die durch Lobby- und Beratertätigkeiten oder aber durch eigenes Engagement das politische System so gestaltet hat, dass die wichtigsten Entscheidungen in ihrem Sinne getroffen werden. Hier muss soziale Arbeit ein Gegengewicht schaffen und verlorenes Terrain wieder gut machen, da ansonsten die aktuelle Entwicklung, die zu dem im ersten Kapitel beschriebenen Jammern führt, nicht gestoppt werden wird.

Vielmehr werden die oftmals gescholtene Ökonomisierung noch weiter voranschreiten und die Arbeits- und Lebensbedingungen sich noch weiter verschlechtern.

Für mich als Sozialarbeiter bedeutet dies, dass ich als Erstes selbstbewusst meine Profession vertreten muss und auch anderen gegenüber klar vertrete, dass Sozialarbeiter mehr machen als Kaffee trinken. Daneben sollte ich, innerhalb meines Trägers, immer wieder das Gespräch mit meinen Kollegen suchen und mit diesen über die bestehenden Ungerechtigkeiten innerhalb des politischen Systems sprechen und sie hierfür sensibilisieren. Diese Verbreitung des beschriebenen kritischen Bewusstseins sollte nicht nur trägerintern, sondern vielmehr auch zwischen den freien Trägern der Jugendhilfe erfolgen. Hierfür gilt es, Netzwerke zu gründen, in denen man sich organisiert und austauscht und letztendlich eine Größe erreicht, die ernst genommen wird. Hierzu ist nötig, dass das Konkurrenzdenken zwischen den Trägern überwunden wird und diese anerkennen, dass sie alle gegeneinander ausgespielt und somit ausgenutzt werden. Wenn sich dieser Gedanke in einer Stadt oder einem Kreis verbreitet hat, kann man durch viele Aktionen und Protestformen die Oberhand über die öffentliche Meinung gewinnen und versuchen, Dinge zu ändern. Neben diesen Netzwerken und Protesten macht es auch Sinn, sich selbst als Individuum oder als Netzwerk politisch zu engagieren.

Dies ist dahingehend von Bedeutung, da das politische System der Ort ist, an dem wesentliche Entscheidungen zum Nachteil oder zu Gunsten der sozialen Arbeit getroffen werden. Wenn man die öffentliche Meinung und das politische System von den eigenen Ideen hinsichtlich gerechterer und besserer Arbeitsbedingungen überzeugen kann, wird sich auch tatsächlich etwas ändern. Oftmals reicht es auch schon, nur die öffentliche Meinung zu überzeugen, da die im politischen System vertretenen Mandatsträger oftmals nach dieser handeln, da sie wiedergewählt werden wollen. Voraussetzung für all diese Schritte ist aber die Anerkennung der eigenen Macht und Professionalität, die zu einem selbstbewussten Auftreten in der Öffentlichkeit führt und die somit diesen eben skizzierten Prozess erst in Gang setzt.

Innerhalb der Arbeit habe ich mich im Wesentlichen darauf beschränkt, Wehren und Aktivwerden innerhalb eines größeren Rahmens darzustellen. Vernachlässigt habe ich aus Platzgründen hierbei konkrete Beispiele für die individuellen Möglichkeiten innerhalb eines freien Trägers oder des Jugendamtes. Hierzu zählt beispielsweise auch das Verfassen einer Überlastungsanzeige. Daneben bin ich auch weniger darauf eingegangen, welche persönlichen Ressourcen man mitbringen muss, um überhaupt aktiv zu werden. Diese Punkte herauszufinden, wäre sehr interessant, da sie aufzeigen würden, warum es Sozialarbeiter gibt, die etwas tun und die aktiv werden, und warum manche aufgrund ihrer persönlichen Eigenschaften eher Leid ertragen und sich beklagen.

Zum Abschluss kann ich nur nochmal betonen, dass jeder Sozialarbeiter seine Professionalität, die er aufgrund seiner Ausbildung hat, nach außen vertreten muss, da diese ihm Macht verleiht. Zudem müssen wir uns von der negativen Bedeutung des Wortes Macht verabschieden, da Macht ein wesentlicher Schlüssel dafür ist, Dinge zu ändern. Der zielgerichtete Einsatz von Macht kann bestehende Ordnungen verstören und verändern und somit Unterdrückung beenden. Demnach kann ich jeden Sozialarbeiter nur ermutigen: Hör auf zu jammern, erkenne deine Macht an und werde aktiv!

Literatur

Alinsky, Saul (1999): Anleitung zum Mächtigsein. Göttingen: Lamuv Verlag

Berkmann, Kathinka (2014): Zwischen Macht und Versäumnis. Der Jugendhilfeausschuss. in: Benz, Benjamin; Rieger, Günter; Schöning, Werner; Többe- Schukalla, Monika (Hrsg.): Politik Sozialer Arbeit, Bd. 2. Weinheim und Basel: Beltz Juventa, S. 62- 72

Boyd, Andrew; Mitchel, Dave Oswald (2014): Beautiful Trouble, Handbuch für eine unwiderstehliche Revolution. Freiburg: Orange Press

Conen, Marie- Luise (2011): Ungehorsam- eine Überlebensstrategie. Heidelberg: Carl Auer

Dahme, Heinz- Jürgen; Wohlfahrt, Norbert (2007): Vom Korporatismus zur strategischen Allianz von Sozialstaat und Sozialwirtschaft. In: Dahme, Heinz- Jürgen; Trube, Achim; Wohlfahrt, Norbert (Hrsg.): Arbeit in Sozialen Diensten flexibel und schlecht bezahlt?. Baltmannsweiler: Schneider Verlag, S. 22- 35

Dallmann, Hans- Ullrich (2007): Macht und soziale Arbeit – eine systemtheoretische Perspektive. In: Kraus, Björn; Krieger, Wolfgang (Hrsg.): Macht in der Sozialen Arbeit. Lage: Jacobs Verlag, S. 143- 164

Gil, David G. (2006): Gegen Ungerechtigkeit und Unterdrückung. Bielefeld: Kleine Verlag

Güntner, Simon; Lange Andreas (2014): Sozialarbeitspolitik zwischen Professionalisierung und Gesellschaftsgestaltung. in: Benz, Benjamin; Rieger, Günter; Schöning, Werner; Többe- Schukalla, Monika (Hrsg.): Politik Sozialer Arbeit, Bd. 2. Weinheim und Basel: Beltz Juventa, S. 238- 254

Heiner, Maja (2007): Soziale Arbeit als Beruf. München: Ernst Reinhardt Verlag

Hosemann, Wilfried (2007): Soziale Arbeit- eine Macht für soziale Gerechtigkeit?. In: Kraus, Björn; Krieger, Wolfgang (Hrsg.): Macht in der Sozialen Arbeit. Lage: Jacobs Verlag , S. 289- 304

Kleve, Heiko (2007): Soziale Arbeit zwischen Macht und Ohnmacht. In: Kraus, Björn; Krieger, Wolfgang (Hrsg.): Macht in der Sozialen Arbeit. Lage: Jacobs Verlag , S. 219- 236

Krieger, Wolfgang (2007): Macht jenseits der konstruierten Selbstunterwerfung?. In: Kraus, Björn; Krieger, Wolfgang (Hrsg.): Macht in der Sozialen Arbeit. Lage: Jacobs Verlag, S. 29- 78

Kühnlein, Gertrud (2007): Auswirkung der aktuellen arbeitsmarkt- und tarifpolitischen Entwicklung auf die Arbeits- und Beschäftigungsverhältnisse von Frauen in der Sozialen Arbeit. In: Dahme, Heinz- Jürgen; Trube, Achim; Wohlfahrt, Norbert (Hrsg.): Arbeit in Sozialen Diensten flexibel und schlecht bezahlt?. Baltmannsweiler: Schneider Verlag, S. 35- 46

Mergner, Ulrich (2007): Ängste, Klagen, Stillhalten: Reaktionen auf die schlechten Nachrichten zu den Arbeits- und Beschäftigungsbedingungen in der Sozialen Arbeit, ein Erklärungsversuch. In: Dahme, Heinz- Jürgen; Trube, Achim; Wohlfahrt,

Norbert (Hrsg.): Arbeit in Sozialen Diensten flexibel und schlecht bezahlt?. Baltmannsweiler: Schneider Verlag, S. 117- 131

Nodes Wilfried (2011): Beschäftigungssituation Sozialarbeiter. In: Forum Sozial 4/2011, S. 45- 50

Rieger, Günter (2013): Das Politikfeld Sozialarbeitspolitik. in: Benz, Benjamin; Rieger, Günther; Schöning, Werner; Schukalla- Többe, Monika(Hrsg.): Politik Sozialer Arbeit Bd. 1. Weinheim und Basel: Beltz Juventa, S. 54- 69

Rieger, Günter (2014): Soziallobbying und Politikberatung. in: Benz, Benjamin; Rieger, Günter; Schöning, Werner; Többe- Schukalla, Monika (Hrsg.): Politik Sozialer Arbeit, Bd. 2. Weinheim und Basel: Beltz Juventa, S. 329- 348

Rudow, Bernd (2010): Überlastung im Amt. Macht soziale Arbeit krank? In: Sozialmagazin 4/2010, S. 10-22

Schilay, André; Schroll- Decker, Irmgard; Strobel, Jörg (2010): Zu viel Arbeit und zu wenige Mitarbeiter. In: Sozialmagazin 9/2010, S. 10- 20

Schöning, Werner (2013): Soziale Arbeit als Intervention und Modus der Sozialpolitik. in: Benz, Benjamin; Rieger, Günther; Schöning, Werner; Schukalla- Többe, Monika(Hrsg.): Politik Sozialer Arbeit Bd. 1. Weinheim und Basel: Beltz Juventa , S. 32- 53

Schöning, Werner (2014): Kommunalpolitik in der sozialen Arbeit. in: Benz, Benjamin; Rieger, Günter; Schöning, Werner; Többe- Schukalla, Monika (Hrsg.): Politik Sozialer Arbeit, Bd. 2. Weinheim und Basel: Beltz Juventa, S. 43- 61

Simon, Titus (2007): Zur sozialen Arbeit in den neuen Bundesländern. In: Dahme, Heinz- Jürgen; Trube, Achim; Wohlfahrt, Norbert(Hrsg.): Arbeit in Sozialen Diensten flexibel und schlecht bezahlt?. Baltmannsweiler: Schneider Verlag, S. 66- 77

Seithe, Mechthild (2012): Schwarzbuch Soziale Arbeit. Wiesbaden: VS Verlag